LUDZKOŚĆ POPRAWIONA

GRZEGORZ LINDENBERG

LUDZKOŚĆ POPRAWIONA

Jak najbliższe lata zmienią świat, w którym żyjemy

Copyright © by Grzegorz Lindenberg

Opieka redakcyjna: Aleksandra Ptasznik

Weryfikacja merytoryczna: prof. Ewa Bartnik (genetyka), dr hab. Marek Cygan (AI)

Opracowanie typograficzne książki: Daniel Malak

Grafiki w książce: s. 27 – © CRISPR Therapeutics; pozostałe grafiki – Studio Kozak, Andrzej Choczewski / Wydawnictwo JAK

Fotografie w książce: s. 19 – Martin Jinek; s. 35 – © 2007 Elsevier B.V. Published by Elsevier Inc. All rights reserved; s. 39 – © Marta Olejniczak; s. 61 – © Google via Getty Images; s. 88 – © Lenscap Photography / Shutterstock.com; s. 90 – © Bettmann / Getty Images; s. 102 – © Frederic Lewis / Archive Photos / Getty Images; s. 140 – © Sundry Photography / Shutterstock.com; s. 152 – Carlos Jones / ORNL, Flickr, https://www.flickr.com/photos/olcf/41146734530, CC BY 2.0

Adiustacja: Joanna Hołdys / Wydawnictwo JAK

Korekta: Maria Armata / Wydawnictwo JAK, Joanna Hołdys / Wydawnictwo JAK

Łamanie: Andrzej Choczewski / Wydawnictwo JAK

Projekt okładki: Eliza Luty

Fotografie na okładce: zaćmienie – Tyler van der Hoeven / Unsplash.com; dłonie – © Dimitris66 / iStock by Getty Images; elementy mechaniczne – © RyanKing999 / iStock by Getty Images, © monsitj / iStock by Getty Images

Fotografia autora: Karina Piwowarska

ISBN 978-83-7515-545-7

www.otwarte.eu

Dystrybucja: SIW Znak. Zapraszamy na www.znak.com.pl

Przyślijcie, kogo tylko możecie ściągnąć. Potrzebna mi pomoc – mówił Abrahams do słuchawki. – Będę wam podawał wszystko na bieżąco. Kiedy będzie dość na pierwsze wydanie, ubierzcie to w dwie wersje i czekajcie: jedna wersja – straszliwa katastrofa, druga – cudowne lądowanie. Zobaczymy, co wyjdzie, dobra? Zaczynam dyktować.

John Castle, Arthur Hailey, *714 wzywa pomocy*,
tłum. Jan Zakrzewski

SPIS TREŚCI

Wstęp 9

CZĘŚĆ I
W ROLI PÓŁBOGÓW

Rozdział 1
Szybko, łatwo i tanio 17

Rozdział 2
Jak działa CRISPR/Cas9 23

Rozdział 3
Mała wielka zmiana 31

Rozdział 4
Człowiek poprawiony 43

Rozdział 5
W stronę nieśmiertelności 51

CZĘŚĆ II
INTELIGENCJA POPRAWIONA

Rozdział 6
Zaskoczenie 59

Rozdział 7
Czym jest sztuczna inteligencja 63

Rozdział 8
Co sztuczna inteligencja potrafi już dzisiaj 71

Rozdział 9
Jak działa sztuczna inteligencja i skąd się wzięła 85

Rozdział 10
Hurra, będziemy mieli więcej wolnego czasu! 111

Rozdział 11
Bogactwo możliwości 131

Rozdział 12
Droga do granicy 145

Rozdział 13
Tylko dwa pytania 151

Rozdział 14
Superinteligencja – dwa scenariusze 165

Bez wielkiego zakończenia 177

Dodatek
Sztuczna inteligencja – zasady z Asilomar 193

Podziękowania 199

Przypisy końcowe 205

WSTĘP

Modyfikacje genetyczne i sztuczna inteligencja to największe wyzwania najbliższej przyszłości. Nadchodzące zmiany będą szybsze i bardziej znaczące niż cokolwiek, co się ludziom zdarzyło w historii, i przyniosą zarówno dobre, jak i złe następstwa. W tej książce piszę o tym, jak bardzo zmieni się świat w ciągu następnych kilkudziesięciu lat i jak się psychicznie do tego przygotować.

Niemal niezauważalnie dla świata naukowcy stworzyli rzeczy naprawdę przełomowe. Rewolucyjne odkrycia w genetyce oraz w dziedzinie sztucznej inteligencji zostały dokonane zaledwie kilka lat temu, w 2012 roku. Ponieważ są nowe i nie są dziś wystarczająco groźne, media poświęcają im niewiele uwagi. Ich rozwój następuje jednak błyskawicznie, a znaczenie i efekty będą się zwiększać z każdym rokiem. Są to dla świata wyzwania, które bez przesady można określić jako egzystencjalne. Mamy tylko trochę czasu – może dziesięć, może trzydzieści lat – żeby na nie wpływać w pożądany sposób i zapobiec nieodwracalnym, a katastrofalnym skutkom.

Na potrzeby tej książki wyznaczyłem dwa horyzonty czasowe: rok 2030 oraz 2050. Rok 2030 jest na tyle blisko, że czujemy łączność z tym przyszłym światem, widzimy w nim siebie, swoje życie, a myśląc o nim, przeżywamy różne emocje: nadzieję, obawę, czasem niecierpliwość albo niepewność. Mamy konkretne plany osobiste i zawodowe, przewidujemy więc, jak będzie wyglądało nasze życie w 2030 roku – dzieci zdadzą maturę, spłacimy kredyt na mieszkanie. Zjawiska opisywane w książce wpłyną na te plany i przewidywania bardzo silnie, może nawet decydująco.

Natomiast rok 2050 wydaje się na tyle odległy, że nie jest przedmiotem naszych planów ani nie wzbudza specjalnych emocji. Ogromna większość z nas spodziewa się wprawdzie żyć do tego momentu i jeszcze dłużej, ale to, co się może wydarzyć do 2050 roku, i to, jak wówczas będzie wyglądało nasze życie, jest zbyt niepewne, by się tym teraz naprawdę przejmować. Automatycznie wyobrażamy sobie, że świat w połowie XXI wieku będzie podobny do dzisiejszego, lecz to akurat jest złudzeniem. Niby zdajemy sobie sprawę, że rzeczywistość szybko się zmienia, ale patrząc w przyszłość, widzimy ją zwykle jako kontynuację dzisiejszego stanu rzeczy, z jakimiś drobnymi zmianami, na przykład tańszymi smartfonami czy szybszymi komputerami, lecz nie jako zdumiewająco odmienną. Ja natomiast jestem pewien, że przez kolejne trzydzieści dwa lata świat zmieni się znacznie bardziej, niż zmienił się w ciągu ubiegłych trzydziestu dwóch.

A ostatnie trzydzieści lat już przyniosło ogromne zmiany. W 1986 roku na świecie trwał w najlepsze komunizm, istniał Związek Radziecki i Układ Warszawski z tysiącami głowic atomowych oraz dziesiątkami tysięcy czołgów przygotowanych do ataku na Europę Zachodnią. Ludzi uciekających z Niemieckiej Republiki Demokratycznej zabijała straż graniczna. Chiny były potwornie zacofanym krajem biednych chłopów. Żadnych telefonów komórkowych ani tym bardziej smartfonów nie było. Nie było też internetu (z wyjątkiem elitarnej sieci łączącej niektóre uczelnie na świecie), nie było więc stron www. Wszyscy czytali papierowe gazety. Jeśli potrzebna była jakaś informacja, szukało się jej mozolnie w bibliotece. Nie istniały komunikatory, Skype, WhatsApp ani nawet e-maile, wiadomości przesyłano zwykłą pocztą, pilne zaś – telegraficznie. Komputery osobiste były rzadkością nawet na Zachodzie, nie powstał jeszcze system Windows. Nie było strefy Schengen ani tanich linii lotniczych. W Polsce na studia szła co dziesiąta osoba, a połowa młodzieży kończyła edukację w trzyletnich szkołach zawodowych. Telefon miała co trzecia rodzina, reszta dzwoniła od sąsiadów, z budki telefonicznej albo wcale nie dzwoniła. Na wsi pracowało więcej koni niż traktorów. Nie było bankomatów ani kart kredytowych. Istniały tylko dwa kanały telewizyjne, oba państwowe, cenzura kontrolowała telewizję, radio, prasę i książki, a Służba Bezpieczeństwa – zachowanie obywateli. W wyborach uczestniczyło, według komunistycznej propagandy, 99 procent uprawnionych do głosowania, mających do wyboru wyłącznie komunistycznych kandydatów. Dwuletnia służba wojskowa dla mężczyzn była obowiązkowa. Przynajmniej tak samo różny od dzisiejszego będzie świat w 2050 roku.

Nie twierdzę oczywiście, że naszą przyszłość będą kształtować wyłącznie dwa zjawiska opisywane w tej książce. Zdaję sobie sprawę, że jest mnóstwo innych czynników, od polityki i religii poczynając, które wpływają i będą wpływać na świat. Jestem pewien, że na świat oddziaływać będą pozytywnie wynalazki i odkrycia naukowe, zarówno te, których początki już znamy (takie jak grafen, nanocząsteczki, technologia wirtualnej i wzmacnianej rzeczywistości, technologia blockchain, drukowanie 3D), jak i te, które pojawią się w niedalekiej przyszłości. Z drugiej strony światu mogą się przydarzyć katastrofy i nieszczęścia – wielkie epidemie, wojny i masowe migracje, coraz silniejsze będzie też działanie globalnego ocieplenia. Jednak skala zmian spowodowanych rozwojem sztucznej inteligencji i genetyki jest z niczym nieporównywalna. Jeśli zaś pojawią się jakieś odkrycia i zjawiska porównywalne z nimi, to świat zmieni się jeszcze bardziej i jeszcze szybciej, niż to opisuję.

Jeżeli czytając tę książkę, ktoś pomyśli, że to opowieść science fiction, właściwie będzie miał rację. Wydaje się, że przyszłość będzie wyglądać właśnie tak jak niedawne fantazje pisarzy. Ale nie powinno nas to dziwić, bo przecież już żyjemy w świecie science fiction: na co dzień korzystamy z superkomputerów, które kosztują zaledwie kilkaset złotych, prowadzimy darmowe wideorozmowy z ludźmi przebywającymi na innym kontynencie, a cała niemal wiedza gromadzona przez ludzkość od tysięcy lat stoi przed nami otworem, odległa zaledwie o kilka kliknięć myszką. Dowiadujemy się natychmiast o wydarzeniach na drugim końcu świata, jeśli zaś jesteśmy świadkami czegoś interesującego, to możemy na bieżąco całemu światu przekazywać z tego transmisję wideo. Sześćdziesiąt lat temu wszystko to wydawałoby się kompletną fantazją – wystarczy przeczytać powieści science fiction z lat pięćdziesiątych. Teraz dzięki nowym odkryciom i pomysłom naukowców nie tylko pojawia się świat wspaniałych wynalazków, ale ludzie mogą stać się niemal wszechmocni. Będziemy mogli zmieniać gatunki roślin i zwierząt, poprawiać genetyczne wyposażenie naszego gatunku, zapewnimy sobie długowieczność, nawet nieśmiertelność, stworzymy sztuczne byty o inteligencji dorównującej naszej albo ją przewyższającej. Nie w odległej przyszłości, lecz w najbliższych kilkunastu lub kilkudziesięciu latach. Choć często nie zdajemy sobie z tego sprawy, wiele tych rzeczy jest już obecnych nie tylko w laboratoriach, ale i w naszym codziennym życiu.

W Polsce będą zachodzić takie same zmiany jak w innych częściach Europy oraz w rozwiniętym świecie. Nie zatrzymamy modyfikacji genetycznych czy sztucznej inteligencji na naszych granicach. Możemy natomiast być aktywnymi uczestnikami nadchodzących wydarzeń jako jednostki oraz jako społeczeństwo i państwo. Dwoje polskich naukowców,

Krzysztof Chyliński i Marta Olejniczak, już zresztą w rewolucji w genetyce zaistniało. Ich wpływ na przyszłe losy świata jest nieporównanie większy niż któregokolwiek z polskich polityków.

Nie przedstawiam w tej książce szczegółowych scenariuszy rozwoju sytuacji, bo te zawsze zależą od czynników, których przewidzieć nie sposób. Staram się pokazać to, co logicznie wynika z już istniejących, znanych nam dzisiaj możliwości modyfikacji genetycznych i sztucznej inteligencji. Piszę o możliwościach, szansach i zagrożeniach stwarzanych przez naukowców, ale nie o tym, jak dokładnie będą wyglądały społeczeństwa za dwanaście czy trzydzieści dwa lata. Mam więcej pytań niż odpowiedzi. Staram się przedstawiać zjawiska bez żadnej przyjętej z góry postawy ideologicznej czy moralnej, pokazywać wszystkie ich dobre i złe strony, które potrafię dostrzec. Ta książka ma pomagać w wyobrażaniu sobie rzeczy niewyobrażalnych, które jednak powstaną. Ma pomagać w zadawaniu pytań o to, jak sobie z tymi nowościami poradzić, jakich zmian powinniśmy próbować uniknąć, a jakie wspierać. Mam też nadzieję, że trochę pomoże w zmianie publicznej debaty w Polsce – że z rozpamiętywania krzywd i problemów z połowy XX wieku dyskusja przeniesie się na to, jak przetrwać wiek XXI.

Nie mamy pełnej swobody w kształtowaniu przyszłości, bo kilka dżinów już zostało wypuszczonych z butelki. Możemy jednak – my, ludzie na świecie, a także my, Polacy – do pewnego stopnia wpływać na przyszłość, głównie przez zmuszanie do działania polityków. Żeby skłonić ich do sensownych decyzji i posunięć, potrzebna jest jednak dyskusja o tym, czego w przyszłości chcemy, a czego nie chcemy, a do tej dyskusji – świadomość kierunku, w jakim coraz szybciej zmierzamy.

Przyszłość będzie zdumiewająco inna niż teraźniejszość, ale jeszcze mamy szansę ją ukształtować.

CZĘŚĆ I

W ROLI PÓŁBOGÓW

ROZDZIAŁ 1

Szybko, łatwo i tanio

Rewolucja wybuchła 28 czerwca 2016 roku. Znamy narodowość i nazwiska rewolucjonistów: Polak Krzysztof Chyliński, Amerykanka Jennifer A. Doudna, Francuzka Emmanuelle Charpentier, Niemcy Ines Fonfara i Michael Hauer, Czech Martin Jinek. Manifest rewolucyjny miał mało pobudzający tytuł: *Programowana endonukleaza DNA sterowana przez dwa RNA w adaptacyjnej odporności bakterii*[1]. Jako drugi jest pod nim podpisany Polak, bo to jego badania do doktoratu rozwijała międzynarodowa grupa. Manifest nie został wówczas zauważony przez media ani przez masy. A szkoda, bo wielkość zmian w świecie, które zapowiadał, można porównywać ze skalą zmian, jakie na świat sprowadził *Manifest komunistyczny*.

Sześcioro naukowców opisało w swoim artykule mechanizm nazwany przez nich CRISPR/Cas9, pozwalający na modyfikowanie genomów (zestawów genów) dowolnych organizmów w łatwy, szybki i tani sposób.

Krzysztof Chyliński: „Na początku było to ciekawe pod względem biologicznej maszynerii, mechanizmu, który odkryliśmy. A że ten mechanizm był prosty, efektywny i tak dalej, szybko zdaliśmy sobie sprawę, że ma to duży potencjał, żeby zostać świetnym narzędziem, że to projekt ciekawy nie tylko pod względem biologicznym, ale i technologicznym. Dla mnie na początku to była po prostu fascynacja ciekawą, unikalną, elegancką maszynerią, która występuje w biologii. No a potem doszło kolejne »*wow!*«, że można by tego właściwie użyć do inżynierii genetycznej"[2].

Konsekwencje? „Obecnie pierwszy raz w dziejach posiedliśmy zdolność edycji DNA nie tylko każdego żyjącego człowieka, ale także przyszłych pokoleń, czyli w gruncie rzeczy kierowania ewolucją własnego gatunku"[3], pisze w książce *Edycja genów. Władza nad ewolucją* współodkrywczyni tego mechanizmu Jennifer Doudna z Uniwersytetu w Berkeley.

Rewolucyjność CRISPR polega na połączeniu wszechstronności, prostoty przygotowania, precyzji i taniości. Tam gdzie zmiana genu poprzednimi metodami kosztowała setki tysięcy dolarów i zajmowała biologom miesiące, teraz kosztuje setki dolarów i zajmuje jedynie dni. Można nawet kupić gotowe zestawy CRISPR do zmieniania genomu jednej z bakterii – takie zestawy domowe typu „Mały biolog" za 130 dolarów opisał „Scientific American"[4].

Jeżeli chodzi o wszechstronność nowego narzędzia, to jest w zasadzie doskonała: „Jeśli znasz sekwencję DNA jakiegoś organizmu, możesz wtedy ten DNA pociąć na kawałki, usunąć kawałek albo dowolnie zmienić, tak jak to robisz z tekstem w edytorze tekstów" – pisze Max Cobb w artykule *Nowy wspaniały świat zmian genetycznych*[5], którego tytuł nieprzypadkowo nawiązuje do *Nowego wspaniałego świata* Aldousa Huxleya.

Brzmi to jak science fiction, ale jest czystą science. Efekty tego odkrycia zobaczymy w najbliższych latach w gospodarstwach rolnych i w medycynie. Na pewno sprawi, że będzie więcej żywności.

Odkrywcy rewolucyjnego sposobu modyfikacji genów nazwanego CRISPR/Cas9. Od lewej: Emmanuelle Charpentier, Jennifer A. Doudna, Martin Jinek, Krzysztof Chyliński, Ines Fonfara; brakuje Michaela Hauera

Wyhodowano już nowe odmiany roślin, na przykład ziemniaki ze zwiększoną zawartością witamin A i D, ziemniaki niebrązowiejące po obraniu, pszenicę z większą zawartością błonnika[6]. Tylko firma Calyxt, wykorzystując wcześniejszą technologię zmian genetycznych TALEN, stworzyła dziewiętnaście takich roślin, a jej modyfikowana soja, z której olej jest dużo zdrowszy od uzyskiwanego ze zwykłej soi, jest już uprawiana[7]. Roślin modyfikowanych genetycznie będzie znacznie więcej – dziś wszyscy studenci odbywający praktykę w Calyxt stosują mechanizm CRISPR i jak mówi szef firmy Dan Voytas: „Nawet studenci przed zdobyciem licencjatu będą w stanie go używać". Wielkie badania prowadzi firma Du Pont, która zmodyfikowała między innymi pomidory i bawełnę; masowe uprawy mają się zacząć za kilka lat[8].

Dzięki modyfikacjom genetycznym roślin możemy się raczej nie obawiać głodu wynikającego z eksplozji demograficznej w Afryce ani zmniejszenia plonów z powodu globalnego ocieplenia. Genetycznie zmodyfikowany tytoń potrzebuje o jedną czwartą mniej wody niż normalny[9]. Nie chodzi oczywiście o tytoń, ale o geny. Te odpowiadające za zużycie przez roślinę wody są identyczne albo podobne również w innych roślinach uprawnych, a tytoń powszechnie wykorzystuje się w badaniach, ponieważ jest łatwy w uprawie i do modyfikacji. Ryż C4, którego stworzenie finansowała fundacja Billa Gatesa, daje o 20 procent większe plony niż niezmodyfikowany, a dzięki lepszemu wykorzystaniu fotosyntezy potrzebuje do tego mniej wody[10]. Firma Tropic Biosciences prowadzi prace nad bananami, które są odporne na niszczące uprawy grzyby, oraz nad kawą, która w naturalny sposób jest pozbawiona kofeiny[11]. No i trzeba jeszcze wspomnieć o udanym zmienianiu genów koralowców, żeby mogły żyć w ocieplających się oceanach[12]. A to dopiero początki badań.

Badania nad modyfikowaną genetycznie żywnością mają szansę dynamicznie się rozwijać, ponieważ amerykańskie

Ministerstwo Rolnictwa oświadczyło, że nie będzie kontrolować roślin modyfikowanych za pomocą technologii CRISPR, jeśli nie będą tworzone z udziałem obcych genów, gdyż nie będzie ich uznawać za GMO (ang. *genetically modified organism* – organizm zmodyfikowany genetycznie). Taka żywność pojawi się więc szybko na półkach sklepowych (przynajmniej w Stanach Zjednoczonych, w Unii możemy poczekać znacznie dłużej[*]). Na razie eksperymenty, którym poddawane są rośliny, ograniczają się do włączania albo wyłączania istniejących w nich własnych genów, co pozwala uniknąć długotrwałej oraz kosztownej procedury urzędowej certyfikacji i daje szansę także mniejszym firmom, nie tylko gigantom agrobiznesu. Oczywiście istnieje możliwość, że przeciwnicy GMO zablokują wprowadzanie nowych roślin i przyczynią się do głodu w Afryce[13].

Dinozaurów najprawdopodobniej nie odtworzymy, ale dzięki CRISPR/Cas9 pewnie uda się nam odtworzyć inne zwierzęta. Naukowcy bardzo poważnie myślą o przywróceniu wymarłych gatunków, których DNA udało się odnaleźć. Gorącym zwolennikiem wskrzeszenia mamutów, a raczej wprowadzenia genów mamuta do genomu słonia indyjskiego, jest wybitny biolog z Harvardu George Church. „Ta ingerencja ma za zadanie uodpornić słonia indyjskiego na zimno, a co za tym idzie, pozwolić mu przetrwać w wysuniętych daleko na północ obszarach Syberii" – mówi uczony, według którego ma to zmienić ekosystem Syberii, tak aby zatrzymywał więcej dwutlenku węgla, ograniczając globalne ocieplenie[14]. Trzeba

---

[*] Gdy pisałem tę książkę, Europejski Trybunał Sprawiedliwości wydał wyrok uznający organizmy modyfikowane genetycznie za pomocą CRISPR/Cas9 za rodzaj GMO i tym samym praktycznie wykluczył je z Europy. Uznał, że są równie groźne jak GMO, nawet jeśli modyfikacje polegają na wyłączeniu działania jakiegoś genu już istniejącego w organizmie, a nie na wprowadzaniu nowych genów do jego genomu, jak przy tworzeniu GMO. Nie jest jasne, czy decyzja oznacza też zakaz tworzenia terapii dla ludzi, bo jeśli wyłączy im się wadliwie działający gen, to oni też będą GMO.

się jednak będzie poważnie zastanowić, czy wprowadzanie wymarłych gatunków do dzisiejszego, zmienionego środowiska nie spowoduje kolejnych problemów dla gatunków, które przetrwały.

Zanim opiszę wykorzystanie CRISPR/Cas9 w zmienianiu zwierząt i w leczeniu ludzi, naszkicuję opis tego, czym ten mechanizm jest i jak go odkryto, a właściwie przez ponad dwadzieścia lat odkrywano.

ROZDZIAŁ 2

Jak działa CRISPR/Cas9

Zacząć trzeba od krótkiego przypomnienia biologii z czasów szkolnych, od DNA. Kwas deoksyrybonukleinowy (ang. *deoxyribonucleic acid* – DNA) określa sposób budowy i funkcjonowania każdego ziemskiego organizmu, od bakterii do ludzi. Zbudowany jest z zaledwie czterech elementów, nazwanych nukleotydami: adeniny (A), cytozyny (C), guaniny (G) i tyminy (T). DNA ma postać podwójnej spirali przypominającej bardzo długą skręconą drabinę, której szczeblami są pary tych nukleotydów. Łańcuchy są jakby swoim lustrzanym odbiciem – adenina z jednego łańcucha zawsze łączy się z tyminą z drugiego, a guanina łączy się z cytozyną. U ludzi takich szczebli zakręconej drabiny jest 3,2 miliarda. Każda z 50 bilionów naszych komórek ma w swoim jądrze identyczną kopię DNA.

O istnieniu czegoś, co potem zostało nazwane CRISPR, biolodzy wiedzieli od 1987 roku. Właśnie wtedy japoński biolog Yoshizumi Ishino z uniwersytetu w Osace, badając występujące w naszych jelitach bakterie E. coli, a konkretnie jeden z ich genów, w DNA bakterii odkrył strukturę składającą się z rozmaitych krótkich fragmentów DNA przedzielanych

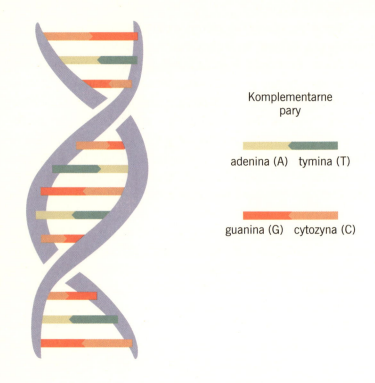

Kwas deoksyrybonukleinowy (DNA) wyglądający jak skręcona drabina i jego części składowe – cztery nukleotydy, które łączą się zawsze w jednakowe pary tworzące szczeble drabiny: adenina łączy się z tyminą, a guanina z cytozyną. Geny składają się z odcinków DNA liczących tysiące, a nawet miliony takich szczebli

krótkimi, ale identycznymi fragmentami DNA. „Biologiczne znaczenie tych struktur nie jest znane" – napisał Ishino i nawet ich nie nazwał.

Minęło piętnaście lat, zanim te dziwne struktury doczekały się własnej nazwy. Terminu CRISPR, podsuniętego przez hiszpańskiego uczonego Francisca Mojicę, po raz pierwszy użył w swoim artykule w 2002 roku holenderski naukowiec Ruud Jansen z uniwersytetu w Utrechcie. Jest to skrót od angielskiej nazwy Clustered Regularly Interspaced Short Palindromic Repeats („zgrupowane, regularnie powtarzające się krótkie sekwencje palindromowe" – prawda, że CRISPR brzmi lepiej?). Jansen zauważył zastanawiające zjawisko: w sąsiedztwie tych struktur zawsze znajdowało się kilka podobnych genów; badacz nazwał je „CRISPR associated" (w skrócie Cas) – „genami towarzyszącymi CRISPR". W 2005 roku trzy różne grupy badaczy stwierdziły, że odkryte przez japońskiego uczonego krótkie zróżnicowane fragmenty DNA w CRISPR odpowiadają fragmentom DNA rozmaitych wirusów. Okazało się, że CRISPR jest mechanizmem, który broni bakterie przed wirusami.

Atakowana przez wirusa bakteria sprawdza, czy w jej CRISPR znajduje się już fragment DNA wirusa – CRISPR jest czymś w rodzaju bazy danych wirusów, które atakowały bakterię w przeszłości. Jeśli go nie ma, bakteria (oczywiście jeżeli przeżyje) kopiuje do CRISPR wybrany fragment DNA wirusa. Ciekawie się robi, gdy bakteria odkrywa, że w swoim CRISPR już ma fragment DNA wirusa. Wówczas na podstawie tego fragmentu tworzy odpowiedni kwas rybonukleinowy (ang. *ribonucleic acid* – RNA) i wysyła go do walki z wirusem wraz z enzymem (białkiem) stworzonym przez gen Cas. Zadaniem enzymu, też nazywanego Cas, jest zabicie wirusa przez przecięcie łańcucha jego DNA. Żeby przecięcie nastąpiło w odpowiednim miejscu, potrzebne są przynajmniej dwa rodzaje RNA. Jeden RNA znajduje odpowiedni fragment DNA wirusa, drugi przyczepia Cas do pierwszego RNA, żeby dostarczyć

Cas tam, gdzie powinien przeciąć DNA wirusa. Cas dostarczony w odpowiednie miejsce przecina DNA, wirus ginie, bakteria przeżywa.

Na rewolucyjne odkrycie, że mechanizm CRISPR/Cas może się przydać nie tylko bakteriom do zabijania wirusów, trzeba było czekać kilka lat. Z przełomowych badań przeprowadzonych w 2012 roku przez zespół, w którym byli Jennifer A. Doudna, Emmanuelle Charpentier, Krzysztof Chyliński, Ines Fonfara, Michael Hauer i Martin Jinek, wynikło, że mechanizm CRISPR/Cas w badanej przez nich bakterii *Streptococcus pyogenes* jest bardzo prosty, składa się z jednego białka i dwóch rodzajów RNA, które można połączyć w jeden. Enzym Cas z bakterii *Streptococcus pyogenes* nazwano Cas9, cały zaś proces – CRISPR/Cas9[*].

Badacze dokonali uproszczenia badanego u *Streptococcus pyogenes* mechanizmu. Z dwóch wyspecjalizowanych rodzajów RNA stworzyli jeden – sgRNA (ang. *single guide RNA*); sgRNA znajduje odpowiedni do przecięcia fragment DNA i zarazem dostarcza w to miejsce enzym Cas9. Taki nowy RNA badacze tworzą bez trudu. Jest to krótki łańcuch odpowiadający fragmentowi DNA, który chcą przeciąć, składający się z 20 nukleotydów, oraz struktura przypominająca spinkę do włosów, wiążąca enzym Cas9 i składająca się z około 60 nukleotydów.

---

[*] Kilka miesięcy po opublikowaniu informacji o odkryciu zespołu Doudny i Charpentier artykuły o zastosowaniu tej metody do zmieniania genomu w komórkach organizmów eukariotycznych (wielokomórkowych) opublikowały zespoły Fenga Zhanga z Harvardu i George'a Churcha z MIT. Między zespołem z Berkeley oraz wspólnym zespołem z Harvardu i MIT toczy się teraz walka o patent. W Europie patent na CRISPR/Cas9 przyznano ekipie Doudny i Charpentier, w Stanach Zjednoczonych zespołowi Zhanga, który wprawdzie wniosek patentowy złożył jako drugi, ale za to zapłacił za szybką ścieżkę patentową. Dla badań naukowych nie ma to znaczenia, lecz dla zastosowań komercyjnych – ogromne. W tej chwili nie wiadomo, komu firmy, które będą stosowały CRISPR/Cas9 w terapiach czy w zmodyfikowanych zbożach, będą płaciły opłaty patentowe.

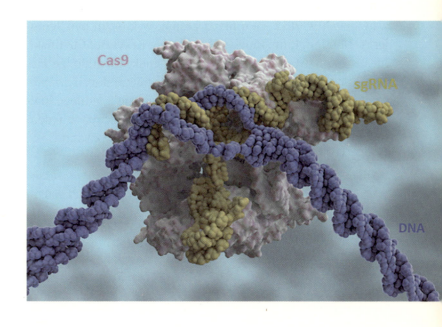

CRISPR/Cas9 w działaniu: sgRNA znalazł miejsce, gdzie Cas9 ma przeciąć DNA. Cas9 jest dużym enzymem. Przez pięć i pół godziny, przylepiony w odpowiednim miejscu do DNA, będzie go przecinał

Ten bardzo prosty system może być zastosowany do dokonywania modyfikacji DNA dowolnego organizmu – do modyfikowania genów k a ż d e g o organizmu. Cięcie DNA staje się początkiem procesu, w którym komórka nie ginie, lecz stara się naprawić uszkodzenie, a to, w jaki sposób je naprawić, podpowiadają jej badacze.

Fragmenty DNA, które można przecinać i modyfikować za pomocą CRISPR/Cas9, odpowiadają za rozmaite cechy organizmu. Chociaż wszystkie organizmy, począwszy od bakterii, mają identycznie zbudowane DNA, to jego długość i zestaw genów są inne dla każdego organizmu. Ile my, ludzie, mamy genów, tego jeszcze dokładnie nie wiadomo. Według ogłoszonych w czerwcu 2018 roku wyliczeń mamy ich 21 306, ale genetycy na pewno nie powiedzieli jeszcze ostatniego słowa[15].

Fragmenty DNA nazywane genami nie wywołują bezpośrednio skutków w organizmie. Do tego służą pojedyncze nici związku zwanego RNA, zbudowanego podobnie jak DNA z czterech nukleotydów, które są kopiowane z genu, fragmentu jednej z nici DNA. Kolejne części RNA powodują zaś powstawanie rozmaitych białek służących do budowy organizmów i sterowania zachodzącymi w nich procesami. Oprócz tego są jeszcze inne rodzaje RNA, które w komórkach zajmują się na przykład transportowaniem rozmaitych związków, co jest wykorzystywane właśnie przez mechanizm CRISPR/Cas9[*].

DNA przecinany w procesie CRISPR/Cas9 może należeć do dowolnej komórki i dowolnego organizmu. Wybieramy gen, który chcemy zmienić, potem wybieramy jego fragment w postaci 18–20 kolejnych nukleotydów, tworzymy odpowiedni

---

[*] Żeby jakiś gen zadziałał w organizmie, czyli żeby pojawiła się w nim jakaś cecha, musi się zdarzyć kilka rzeczy. Przede wszystkim gen musi występować w organizmie – w naszym nie ma genów umożliwiających na przykład fotosyntezę albo tworzenie skrzydeł. Gen musi być w odpowiednim momencie aktywny, bo geny nie działają bez przerwy, włączają się, gdy są potrzebne, później zaś się wyłączają. Dalej: musi być prawidłowo zbudowany, zawierać wszystkie potrzebne nukleotydy ułożone w odpowiedniej kolejności. Musi odpowiednio tworzyć swoją część RNA i wreszcie – RNA musi prawidłowo tworzyć białka.

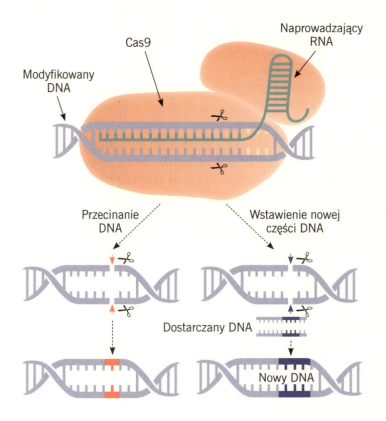

Dwa sposoby działania CRISPR/Cas9 w modyfikacji genów. Do komórek jest dostarczany RNA (kolor zielony) z doczepionym enzymem Cas9 (kolor brązowy). RNA znajduje odpowiedni fragment DNA, a Cas9 go przecina. Potem komórka albo ponownie łączy DNA, usuwając przecięty fragment i zmieniając w ten sposób wadliwy gen, albo w miejscu przecięcia wkleja dostarczony przez badaczy nowy fragment DNA o prawidłowej budowie

RNA, dołączamy enzym Cas9, umieszczamy w komórce – i gen zostaje zmieniony*.

Mechanizm CRISPR/Cas9 umożliwia modyfikację genów na dwa sposoby. Pierwszy to zatrzymanie działania genu: komórka stara się naprawić przecięte końcówki DNA, odtwarzając uszkodzone nukleotydy, lecz taka naprawa często nie jest doskonała – kolejność nukleotydów zostaje zaburzona i gen przestaje działać. W ten sposób można wyłączać działanie genów, które funkcjonują w sposób szkodliwy dla organizmu. Drugi sposób jest bardziej skomplikowany: chodzi w nim o zastąpienie genu innym genem albo nieprawidłowego fragmentu genu prawidłowym, czyli dostarczonym w miejsce przecięcia nowym fragmentem DNA (jest to tak zwana naprawa homologiczna). Nowy fragment DNA, który ma zmodyfikować istniejący lub wprowadzić nowy gen, też jest częścią ładunku przenoszonego wraz z CRISPR/Cas9 przez wirusa.

Już od kilkunastu lat istnieją dwa inne sposoby precyzyjnego zmieniania zapisu genetycznego w DNA – ZFN i TALEN, ale są one skomplikowane w przygotowaniu i kosztowne. Istnieją też terapie genowe dopuszczone do stosowania u ludzi – w badaniach klinicznych jest tych terapii około dwóch tysięcy. Terapie genowe polegają na wklejaniu prawidłowego genu do DNA, w którym występuje jakiś uszkodzony gen. Dostarcza go do komórki specjalnie zmodyfikowany wirus i wraz ze swoim ładunkiem-genem wpasowuje się w DNA gospodarza. Problem polega na tym, że nie wiadomo, gdzie wirus się wpasuje, bo nie mamy nad tym żadnej kontroli. Może więc wpasować się w nieodpowiednie miejsce i spowodować nieoczekiwane problemy albo zostać zaatakowany przez układ odpornościowy pacjenta**.

---

* Do umieszczenia zestawu CRISPR/Cas9 w komórce służą tak zwane wektory – są to zazwyczaj odpowiednio zmodyfikowane niegroźne wirusy, do których zestaw jest dołączony.

** Tak właśnie zdarzyło się w 1997 roku – osiemnastoletni Jesse Gelsinger, który cierpiał na pewną chorobę genetyczną, wziął udział w badaniu klinicznym terapii genowej i w jej rezultacie zmarł.

ROZDZIAŁ 3

Mała wielka zmiana

Stworzenie CRISPR/Cas9 oczywiście nie wyeliminowało z arsenału naukowców starszych metod zmieniania genów – TALEN i ZFN – ani terapii genowych. Dodało do tego arsenału nowe potężne narzędzie. Dzięki niemu i dzięki tym dawniejszym metodom w laboratoriach, a czasem nawet w szpitalach przygotowywane są terapie chorób genetycznych mogące już za kilka lat zmienić życie setek tysięcy ludzi. A jest co leczyć – około siedmiu tysięcy chorób ma podłoże genetyczne.

Od momentu odkrycia, że w łatwy, szybki i tani sposób można zmieniać DNA dowolnych organizmów, wydarzenia potoczyły się lawinowo. Badaniami nad CRISPR/Cas9 zajęły się setki laboratoriów na całym świecie. Ponieważ koszt badań radykalnie się zmniejszył, mogą je przeprowadzać laboratoria nie tylko najbogatszych uczelni czy firm. W ciągu sześciu lat, które dzielą nas od tego odkrycia, na świecie wydano ponad cztery tysiące patentów na poszczególne zastosowania CRISPR/Cas9 i pochodnych tej metody, opublikowano tysiące artykułów, a w 2018 roku założono pismo naukowe poświęcone wyłącznie tej metodzie. Firma Addgene, prowadząca bank fragmentów DNA wykorzystywanych przez badaczy, wysłała próbki otrzymane od Fenga Zhanga, współodkrywcy CRISPR/Cas9 z MIT, 42 tysiące razy, do laboratoriów w 62 krajach.

Okazało się, że jest to metoda bardziej wszechstronna i uniwersalna, niż z początku przypuszczano. Jej możliwości wydają się niemal nieograniczone. Badacze zobaczyli, że mechanizm CRISPR/Cas9 można stosować nie tylko do wymieniania całych genów – można je również włączać i wyłączać. Możliwe jest też modyfikowanie nie tylko DNA, ale i RNA[16], dzięki czemu wprowadzane zmiany nie są permanentne, co w niektórych przypadkach jest bezpieczniejsze albo prostsze (przeprowadzono takie badania między innymi na genach związanych z zanikiem mięśni i cukrzycą typu 2 u myszy[17]). Można modyfikować geny już w komórkach jajowych, spermie albo zarodkach i takie zmiany genów będą przekazywane kolejnym pokoleniom. Można też wstawiać geny innych gatunków. Krótko mówiąc, można z genami albo ze sposobem, w jaki działają, robić w zasadzie wszystko – u nicieni, kukurydzy, muszek owocowych i ludzi. W zasadzie, bo występują jednak ograniczenia.

Modyfikacje genetyczne, czy to dokonywane starszymi metodami, czy za pomocą CRISPR/Cas9, muszą spełnić przynajmniej trzy podstawowe warunki. Po pierwsze, zmiany muszą być powszechne, dokonywane jednocześnie w odpowiedniej liczbie komórek, a tych komórek ludzie mają około 50 bilionów (50 tysięcy miliardów). Nie wystarczy zmienić genu w jednej komórce, trzeba to zrobić w większości albo wszystkich komórkach związanych z daną cechą czy chorobą, na przykład w wątrobie lub neuronach w mózgu. Po drugie, modyfikacje muszą być precyzyjne, czyli w DNA albo RNA nie powinno się modyfikować innych miejsc niż zamierzone (nie może być tak zwanych *off-targets*), bo niepożądane skutki mogą przewyższyć osiągnięte korzyści. Po trzecie, procedura nie powinna wywoływać żadnych innych niepożądanych efektów. Do tego modyfikacje muszą być trwałe (i najlepiej, by wystarczyła manipulacja jednorazowa).

Ogromny wysiłek badawczy jest w tej chwili nakierowany na tworzenie bardziej doskonałych sposobów wykorzystania mechanizmu CRISPR/Cas9. Do przecinania DNA używane są na przykład enzymy inne niż Cas9, pochodzące od innych bakterii albo tworzone sztucznie. Jednym z nich, pochodzącym od innych bakterii, jest Cas12a, który inaczej przecina spiralę DNA, ułatwiając wprowadzanie nowych genów. Jego odkrywcą jest amerykański badacz Eric Kmiec[18]. Cas12a pozwala na przecinanie zarówno DNA, jak i RNA[19]. Z kolei kanadyjscy badacze zamiast sgRNA wykorzystali inny rodzaj zmodyfikowanego RNA, zwany BNA[20], który ma dawać 10 tysięcy razy większą precyzję, to znaczy 10 tysięcy razy mniej błędnych przecięć DNA. Przy wielkiej liczbie komórek, w których metodą CRISPR/Cas9 zmienia się DNA, nawet jeden procent błędnych zmian może oznaczać niepożądane efekty w milionach komórek, dlatego tak istotne jest maksymalne zmniejszenie liczby błędów. A modyfikacja podstawowej metody CRISPR/Cas9 wymyślona przez zespół George'a Churcha z Harvardu pozwala na jednoczesne zmienianie setek, nie zaś pojedynczych genów w komórce[21].

Na wiosnę 2018 roku Jennifer Doudna wymyśliła jeszcze jedno zastosowanie metody CRISPR/Cas9 – nie do zmieniania genów, ale do diagnozowania chorób. Wykorzystuje się wtedy nieco inne białka (enzymy), nazwane Cas12 i Cas13. Stworzona przez nią firma Mammoth Biosciences (Mamucia Bionauka) ma produkować łatwe w stosowaniu i tanie testy do wykrywania charakterystycznych fragmentów DNA odpowiedzialnych za różnego rodzaju choroby albo DNA komórek rakowych w organizmie. Testy te pozwolą także na błyskawiczne diagnozowanie zarówno pojedynczych osób, jak i całych grup, na przykład w razie wybuchu epidemii. Konkurencyjna grupa Fenga Zhanga opracowała podobne testy, za pomocą których można wykryć kilka chorób, a które mają kosztować mniej niż dwa dolary za sztukę[22].

O pracach nad zmienianiem genomów roślin była już mowa. Jeśli chodzi o zwierzęta, to również są już przykłady udanych modyfikacji genetycznych. W 2015 roku Chińczycy usunęli psom gen powstrzymujący rozwój muskulatury – efektem były narodziny Herkulesa i Tiangou, beagli z podwójną masą mięśniową[23]. Przy okazji objawiła się niedoskonałość technologii CRISPR. Zmodyfikowano 65 zarodków, urodziło się 27 szczeniąt, ale tylko u dwojga nastąpiło zamierzone usunięcie obu kopii genu, a zaledwie u jednego te kopie zostały usunięte ze wszystkich komórek mięśniowych. Na pewno jednak doczekamy się kontynuacji badań, bo potężne psy mogą być wykorzystane na przykład przez policję i wojsko, jak zauważył Liangxue Lai, jeden z dwóch głównych badaczy uczestniczących w projekcie. Chińczycy stworzyli również mikroświnki: ważące kilkanaście kilogramów miniaturowe wersje zwykłych świń[24]. Chińska firma BGI, która je stworzyła, początkowo zamierzała sprzedawać je po półtora tysiąca dolarów jako zwierzątka domowe, a klienci mieli zamawiać określone ubarwienie i długość szczeciny, ale zrezygnowała z tego pomysłu, nie podając powodów. Chińscy badacze przeprowadzili też udane próby modyfikacji genetycznych wykorzystujących CRISPR/Cas9 u królików, kóz, szczurów i małp. Ostatnio naukowcy chińscy stworzyli nową odmianę świń, które mają znacznie mniej tłuszczu niż zwykłe świnie, co ma obniżyć koszty hodowli[25]. Gen powodujący, że świnie mają mniej tłuszczu, nie jest jednak genem świńskim – został wzięty z DNA myszy...

Z innych prac nad zwierzętami warto wymienić próby zmodyfikowania wysokomlecznych krów rasy holsztyńskiej, żeby miały krótszą sierść, dzięki czemu można by je hodować w Afryce, oraz modyfikowania innych ras krów, by nie rosły im rogi (w hodowlach zawiązki rogów są cielętom wypalane, co powoduje ból i stres). Naukowcy z Edynburga zmienili jeden gen świń, dzięki czemu stały się one odporne na PRRS, powszechnie występującą chorobę wirusową świń przynoszącą hodowcom w Europie i Stanach Zjednoczonych

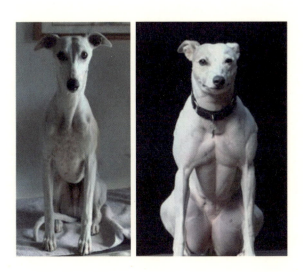

Oprócz świń i krów modyfikowane genetycznie są także psy różnych ras. Na zdjęciu zwykły chart i chart, u którego wyłączono gen odpowiadający za ograniczenie wzrostu mięśni

2,5 miliarda dolarów strat rocznie[26]. Istnieją też liczne plany modyfikacji genetycznych psów i przynajmniej jedna – kotów. Firma Indoor Technologies, której szefem jest Martin Chapman, były profesor medycyny i mikrobiologii Uniwersytetu Wirginii, chce za pomocą metody CRISPR usunąć z kociego genomu gen Fel d 1 tworzący w organizmie kotów białko, na którego obecność część ludzi jest uczulona. W warunkach laboratoryjnych taki gen daje się usuwać bez trudności, problem w tym, że kotom to białko jest niezbędne, żeby miały zdrową skórę, przypuszczalnie odgrywa też rolę w działaniu ich systemu hormonalnego. Nikt nie wie, co się stanie z żywym kotem, któremu usunie się potrzebny gen.

Jeśli chodzi o zmiany genetyczne zwierząt, to amerykańska Agencja Żywności i Leków (Food and Drug Administration – FDA), rządowa instytucja dopuszczająca do ogólnego stosowania leki i procedury medyczne, na początku 2017 roku ogłosiła, że – inaczej niż w wypadku roślin – będzie traktować takie zwierzęta jako GMO, nawet jeśli nie będą miały wprowadzonych obcych genów. Ta decyzja oraz podobne traktowanie modyfikowanych zwierząt przez Chiny przystopowały badania, ponieważ zmodyfikowane odmiany musiałyby przejść długi i kosztowny proces uzyskiwania zezwoleń na ich rozmnażanie. Cielętom będzie się wypalać zawiązki rogów, póki nie okaże się po dwudziestoletnich badaniach, że mleko od zmodyfikowanych, bezrożnych krów jednak nie zabija konsumentów.

Perspektywy, jakie możliwości genetyki otwierają w tworzeniu nowych ras i gatunków zwierząt, na dłuższą metę na pewno przezwyciężą formalne ograniczenia. Jeśli naukowcy stworzą świnie czy krowy, które przy tej samej ilości paszy dadzą więcej mięsa, to rolnicy będą chcieli takie zwierzęta hodować. Jeśli uda się stworzyć kurczęta szybciej rosnące i bardziej odporne na choroby, tak by nie trzeba im było podawać antybiotyków, to zarówno rolnicy, jak i konsumenci będą chcieli, żeby wolno je było hodować. A jeżeli znajdziemy u psa gen wierności, czy urzędnicy z Waszyngtonu nie przybiją pieczątki na zezwoleniu na rozmnażanie kotów, którym ten gen dodaliśmy? No i na zezwoleniu na tworzenie świń, które mają być zmieniane genetycznie, żeby można z nich było pobierać narządy do przeszczepiania ludziom bez ryzyka odrzucenia przeszczepu?

Zanim przejdziemy do omawiania terapeutycznego modyfikowania genów u ludzi, warto wspomnieć o jeszcze jednym zastosowaniu metody CRISPR do zmieniania genów zwierząt, tym razem komarów roznoszących malarię. Malaria jest najczęściej występującą chorobą zakaźną na świecie, w 2016 roku zapadło na nią ponad 200 milionów ludzi, z których pół miliona umarło (głównie dzieci w Afryce). Naukowcy pracują nad dwoma sposobami wykorzystania mechanizmu CRISPR w zwalczaniu malarii. Pierwszy, bardziej radykalny, to takie przekształcenie jednego genu komarów, aby po dziedziczeniu tego genu od obojga rodziców komary stawały się bezpłodne. Doprowadziłoby to w krótkim okresie do całkowitego wyeliminowania tego rodzaju komarów ze środowiska, co wydaje się jednak zbyt drastyczną ingerencją w przyrodę. Drugi sposób to takie przekształcenie genomu komarów, aby nie mogły w nich żyć pierwotniaki wywołujące malarię. Badacze z Uniwersytetu Johnsa Hopkinsa wycięli komarom gen FREP1, który umożliwia przeżycie pierwotniakom. Pierwsze próby zakończyły się w 2018 roku względnym sukcesem – względnym, bo wprawdzie pierwotniaki nie były w stanie przeżyć w organizmie komara, ale komary ze zlikwidowanym genem wolniej się rozwijały i były słabsze. Teraz naukowcy pracują nad modyfikacją genu u dorosłych osobników, a nie u zarodków komarów, i mają nadzieję, że takie komary będą równie silne jak niezmodyfikowane egzemplarze[27].

Zmiany genetyczne w roślinach czy zwierzętach są ciekawe, wiele z nich będzie niezmiernie pożytecznych, ale nie są dla naszego życia kluczowe. Zupełnie inaczej wygląda sprawa z modyfikacjami naszych własnych genów. Tutaj perspektywy, jakie się otwierają przed naszym gatunkiem, są oszałamiające.

Pod koniec 2017 roku sukcesem zakończyły się wstępne badania kliniczne prowadzone w Wielkiej Brytanii nad leczeniem hemofilii typu A. Ludzie cierpiący na hemofilię – w Wielkiej Brytanii jest ich około dwóch tysięcy – są pozbawieni genu, który odpowiada za krzepnięcie krwi, dlatego najlżejsze skaleczenie grozi im śmiertelnym krwotokiem i przez całe życie muszą przyjmować specjalne leki. Wśród 13 pacjentów, którym zrobiono jedną (tak!) kroplówkę zawierającą brakujący gen (oraz wirusa, który ten gen dostarcza do komórek), u 11 krzepliwość krwi osiągnęła niemal normalny poziom, a wszyscy mogli zrezygnować z leków. Taki stan utrzymał się bez zmian przez półtora roku po zabiegu[28]. Teraz badania są przeprowadzane na większej międzynarodowej grupie pacjentów. Włoski biolog i lekarz Michele De Luca zdołał wyleczyć dziewięcioletnie dziecko cierpiące na pęcherzykowe oddzielanie się naskórka, przewlekłą, okropną chorobę skóry. Powoduje ją wadliwe działanie jednego z genów, odpowiedzialnego za przyczepianie skóry do podłoża, a chorzy mają rany wyglądające jak ciężkie poparzenia. Gdy dziecku przeszczepiono wyhodowaną w laboratorium skórę ze zmodyfikowanymi komórkami macierzystymi (zmieniono w nich nieprawidłowo działający gen), przestało chorować i może normalnie żyć[29].

Pląsawica (choroba Huntingtona), dotychczas śmiertelna choroba neurologiczna, w której występują chaotyczne mimowolne ruchy kończyn, tułowia i głowy, jest wywołana mutacją jednego genu, który wskutek tego produkuje szkodliwe białka niszczące komórki nerwowe. W przeprowadzonym w 2018 roku eksperymencie na hodowanych komórkach ludzkich zespół pod kierunkiem Marty Olejniczak z Instytutu Chemii Bioorganicznej PAN w Poznaniu z powodzeniem zmienił ten

Marta Olejniczak, profesor Instytutu Chemii Bioorganicznej PAN w Poznaniu, wraz z zespołem prowadziła badania nad wyłączeniem wadliwego genu powodującego pląsawicę

gen, wykorzystując technologię CRISPR ze zmodyfikowanym enzymem Cas9[30]. Zmieniony enzym przecinał tylko jedną z nitek DNA, a nie obie, ale w ten sposób powstrzymywał działanie genu i tworzenie szkodliwych białek. O tym osiągnięciu było głośno na świecie, ponieważ choroba dotychczas była nieuleczalna, a na pląsawicę choruje kilkadziesiąt osób na milion. Według Marty Olejniczak zastosowana metoda jest bezpieczna, prowadzi do precyzyjnego cięcia DNA tylko w miejscach zamierzonych i nie przynosi skutków ubocznych.

Najbardziej zaawansowane są badania nad zastosowaniem metody CRISPR do leczenia dwóch chorób krwi wywoływanych przez błędne działanie pojedynczego genu. Firma CRISPR Therapeutics zamierza rozpocząć w 2018 roku badania kliniczne nad beta-talasemią w Europie i nad anemią sierpowatą w Stanach Zjednoczonych[31].

CRISPR może być wykorzystywany nie tylko do naprawiania naszych wadliwych genów. Może też służyć do zwalczania wirusów. Japońscy naukowcy z uniwersytetu w Kobe prowadzą na przykład badania nad zwalczaniem wirusa HIV. Udało im się wprowadzić do zarażonych wirusem komórek odpowiedni zestaw CRISPR/Cas9, który blokował w wirusach geny dające możliwość tworzenia dwóch kluczowych białek, i wirusy znikały[32]. Badania były prowadzone in vitro, na ludzkich komórkach, ale w laboratorium, więc ich praktyczne zastosowanie będzie możliwe dopiero za kilka lat.

Wielu badaczy zajmuje się wykorzystaniem metody CRISPR do modyfikowania białych ciałek krwi, by były w stanie niszczyć komórki rakowe, w podobny sposób jak niszczą bakterie. Próby takie były wykonywane zarówno na myszach, jak i na ludziach. Od pacjenta pobiera się wówczas krew, z której są wyodrębniane białe ciałka. Badacze modyfikują je genetycznie, tak by rozpoznawały komórki określonego rodzaju nowotworu, rozmnażają je i z powrotem wstrzykują pacjentowi[33]. Pierwsza terapia genowa*, zastosowana w jednej z odmian białaczki dzieci i młodzieży, została już zaaprobowana przez FDA[34]. Użycie do leczenia raka zmodyfikowanych białych ciałek krwi, zwanych CAR-T, jest w tej chwili (lipiec 2018) przedmiotem ponad 500 (!) badań klinicznych na świecie**.

Efektów dzisiejszych badań nie oczekujmy w tym czy przyszłym roku. Między odkryciem potencjalnej metody – takim jak odkrycie zespołu Marty Olejniczak – a zastosowaniem modyfikacji genetycznych do zwalczania choroby zazwyczaj musi minąć kilka lat. Na początku przeprowadza się badania laboratoryjne na komórkach ludzkich, potem zwykle badania na zwierzętach. Dopiero później są badania kliniczne na ludziach, prowadzone w trzech etapach, najpierw na pojedynczych osobach, później na dwóch grupach – eksperymentalnej i kontrolnej. Badania kliniczne trwają z reguły kilka lat, a samo uzyskanie na nie zgody też może zająć lata – przynajmniej na Zachodzie. Mniej ograniczeń jest w Chinach, dlatego wśród siedemnastu badań klinicznych wykorzystujących proces CRISPR wymienionych na portalu ClinicalTrials.gov tylko trzy są prowadzone w szpitalach amerykańskich, reszta w Chinach. Jak przypuszcza Jennifer Doudna, w ciągu dwóch-trzech lat można oczekiwać badań klinicznych modyfikowania genów dotyczących krwi i oczu, bo do ich komórek najłatwiej jest dotrzeć z enzymem Cas9 dzisiejszymi metodami[35].

Te wspaniałe perspektywy mają jednak i drugą stronę. Istnieje realne niebezpieczeństwo wykorzystania mechanizmu CRISPR/Cas9 do tworzenia broni biologicznej. W 2015 roku w dorocznym raporcie amerykańskich agencji wywiadu dla senackiej Komisji Obrony, *Worldwide Threat Assessment*, modyfikacje genetyczne organizmów uznano za jedno z sześciu

---

* W tej terapii nie wykorzystywano CRISPR.
** Listę tych i innych badań klinicznych można znaleźć pod adresem https://clinicaltrials.gov.

głównych zagrożeń strategicznych dla Stanów Zjednoczonych, obok nuklearnych programów Korei Północnej, Iranu i Chin, hipersonicznych rakiet rosyjskich oraz broni chemicznej Syrii i ISIS.

Jak to zagrożenie może wyglądać, pokazały ćwiczenia zorganizowane w Waszyngtonie w maju 2018 roku przez Centrum Bezpieczeństwa Zdrowia z Uniwersytetu Johnsa Hopkinsa pod kierownictwem Erica Tonera, specjalisty od pandemii. Szczegółów ćwiczeń, w których wzięli udział między innymi były przewodniczący Senatu Tom Dashle oraz były szef Centrum Zapobiegania Chorobom i Kontroli Chorób (Center for Disease Prevention and Control – CDC), nie ujawniono, żeby nie podsuwać terrorystom gotowych pomysłów. To zaś, co ujawniono, wyglądało następująco. W Niemczech i Wenezueli wybucha epidemia nieznanej choroby. Wywołujący ją wirus nie jest żadnym ze znanych wirusów. Okazuje się, że to mutacja niegroźnego wirusa paragrypy stworzona przez organizację terrorystyczną, która dąży do zmniejszenia liczby ludzi na Ziemi. W mediach społecznościowych wybucha panika. Pierwsza szczepionka, opracowana już po kilku dniach, nie działa, działa dopiero kolejna. Zanim uda się ją wyprodukować w odpowiedniej ilości, umiera kilkadziesiąt milionów ludzi. „W latach dziewięćdziesiątych – mówi Scott Lillibridge, profesor Uniwersytetu Teksańskiego i były szef CDC – myśleliśmy o zagrożeniu ze strony niektórych państw, o wirusach trzymanym przez nie w lodówkach. Po dwudziestu latach pojawienie się biologii syntetycznej oznacza, że to, co wymagało wielkich nakładów, stało się łatwe i tanie"[36]. Możemy tylko mieć nadzieję, że skoro naukowcy i wojskowi zdają sobie sprawę z nowych zagrożeń, to jakoś nas przed nimi ochronią.

ROZDZIAŁ 4

Człowiek poprawiony

Bioterroryzmu, mam nadzieję, uda się uniknąć. Terapie genowe powinny pozwolić na uzdrowienie i uratowanie milionów ludzi w najbliższych kilkunastu latach. Błyskawiczne diagnozowanie chorób wirusowych może zapobiec kolejnym epidemiom. Ale to dopiero początek możliwości, jakie dają CRISPR i inne metody zmieniania genów.

„Jest chyba nieuniknione, że w najbliższych dziesięciu latach narodzi się pierwsze dziecko CRISPR z trwale zmienionym genomem, prawdopodobnie jako rezultat procedury, która ma wyeliminować na stałe gen powodujący jakąś wrodzoną chorobę" – pisze Max Cobb[37]. Jennifer Doudna uważa, że to wręcz sprawa kilku najbliższych lat[38].

CRISPR daje nadzieję na leczenie chorób genetycznych – wiemy już, że pierwsze badania kliniczne się zaczęły. Jeśli się okaże, że modyfikacje genów u pacjentów są skuteczne i nie dają efektów ubocznych, możemy się spodziewać, że co najmniej znaczna część z siedmiu tysięcy chorób genetycznych zostanie pokonana. Możemy się też spodziewać, że zmodyfikowane białe ciałka krwi będą skutecznie walczyć z przynajmniej niektórymi rodzajami nowotworów. Te zastosowania

CRISPR czy innych sposobów przekształceń genów u ludzi wydają się całkowicie niekontrowersyjne. Ale dalej sprawa staje się bardziej skomplikowana.

Skoro rozmaite choroby są wywoływane przez wadliwe geny, to logiczne wydaje się, że powinniśmy pójść o krok dalej: wyeliminować je albo poprawić ich budowę tak wcześnie, jak to możliwe, najlepiej na etapie zarodka. Wydaje się to też łatwiejsze – u zarodka wystarczy zmienić DNA w jednej komórce, a nie w miliardach czy bilionach komórek, tak jak u dorosłego człowieka. Jest to wykonalne – udanych zmian w zarodkach dokonano już w kilku laboratoriach.

Pierwsi oczywiście byli Chińczycy – w 2015 roku dokonali prób na zarodkach, które nie mogły dalej się rozwijać[*], zmieniając gen wywołujący beta-talasemię. Gen udało się zmienić, ale jednocześnie doszło do nieplanowanych zmian innych genów; technologia była jeszcze niedostatecznie precyzyjna[39]. Dwa lata później Chińczycy wykonali badania na zarodkach zmieniające ten sam gen, lecz w inny sposób – przez wymianę tylko jednego wadliwego nukleotydu. Inni chińscy badacze przeprowadzili eksperymenty na zarodkach, które mogłyby się rozwijać, zmodyfikowali te geny, które chcieli zmienić, i nie zaobserwowali nieplanowanych zmian w innych miejscach DNA. Pochodzący z Kazachstanu, a pracujący w Stanach Zjednoczonych profesor Shoukhrat Mitalipov dokonał prób zamiany w jednokomórkowych ludzkich zarodkach wadliwego genu MYBPC3 (to on wywołuje chorobę serca, która u zawodowych sportowców doprowadza do nagłych zgonów). Aż u trzech czwartych z kilkudziesięciu zarodków poddanych eksperymentom wadliwy gen został zamieniony na dobry, lecz ku zaskoczeniu uczonego DNA dobrego genu nie pochodził z materiału dostarczonego przez badaczy, ale

---

[*] Zarodki miały trzy kopie DNA, zamiast normalnych dwóch, i dlatego nie mogły się dalej rozwijać.

z dobrej kopii genu od drugiego rodzica (zawsze dostajemy po jednej kopii genu od każdego z rodziców)*. Według Mitalipova może to świadczyć o istniejących w zarodkach mechanizmach obronnych przed przyjęciem DNA pochodzącego spoza komórki[40].

Badania na zarodkach ludzkich są oczywiście kontrowersyjne, ponieważ zarodki po przeprowadzeniu eksperymentów są niszczone. W Chinach i niektórych krajach Unii badania są legalne, wymagają jednak uzyskania odpowiednich zezwoleń, o które w Chinach znacznie łatwiej niż w Europie. W Stanach Zjednoczonych także są legalne, ale nie mogą być finansowane z budżetu federalnego, FDA nie może zaś udzielać zgody na badania kliniczne z użyciem zarodków. Jeśli chcemy jak najwcześniej naprawiać geny wywołujące u dzieci choroby genetyczne – w tym takie, które powodują ich natychmiastową czy przedwczesną śmierć – to będziemy musieli te geny naprawiać u zarodków. Żeby się tego nauczyć, sprawdzić precyzję i bezpieczeństwo takiej technologii, trzeba będzie wcześniej przeprowadzać badania na innych zarodkach.

Na razie technologia CRISPR nie jest jeszcze gotowa do zmieniania genów u zarodków, ale w ciągu kilku najbliższych lat, jak mówi Jennifer Doudna, albo za kilkanaście lat, jak twierdzą bardziej ostrożni badacze, będzie można ją stosować – jeśli nie zostanie zakazana. Z tych modyfikowanych genetycznie zarodków rozwiną się i urodzą dzieci. Kiedy? Prawie na pewno przed 2030 rokiem.

Istnieje zasadnicza różnica między zmienianiem genów u osób dorosłych a u zarodków: zmiany, które wprowadzi się w genomach zarodków, będą przekazywane następnym pokoleniom, bo staną się trwałą częścią DNA wszystkich

---

* Praca Mitalipova jest dość kontrowersyjna, została zakwestionowana przez George'a Churcha, a mimo obietnic profesor Mitalipov nie dostarczył danych wskazujących na poprawność procedur badawczych.

przyszłych komórek dziecka, w tym również jego przyszłych komórek rozrodczych.

W tym procesie przed nami są kolejne kroki. Skoro będzie możliwe poprawienie genów, które w sposób nieunikniony doprowadziłyby dziecko do zachorowania na pląsawicę czy anemię sierpowatą, to czy powinniśmy w tym miejscu się zatrzymać? Czy nie należałoby też zmodyfikować jego DNA, tak żeby naprawić te geny, które nie na pewno, ale z jakimś prawdopodobieństwem zwiększają ryzyko pojawienia się określonych chorób, na przykład raka piersi (gen BRCA1)? Który z rodziców nie chciałby, żeby z DNA przyszłego dziecka wyeliminować ryzyko wszelkich możliwych chorób? Już dziś prowadzone są badania nad zmienianiem wielu genów jednocześnie, za kilka lub kilkanaście lat będziemy potrafili jedną procedurą zmieniać je u zarodków.

No dobrze, ale czy w takim razie nie można by pójść dalej i usunąć pewne niedogodności, które wprawdzie poważnymi chorobami nie są, ale z różnych powodów utrudniają życie? Czy nie poprawić genu, tak żeby dziecko nie urodziło się daltonistą? Albo żeby już jako osoba dorosła nie cierpiało na krótkowzroczność lub przedwcześnie nie łysiało?

Kolejny krok, który nas czeka w związku z CRISPR, prowadzi od zastosowań medycznych do estetycznych. Skoro eliminujemy u dzieci krótkowzroczność, to może i dodajmy chłopcom wzrostu, a kobietom zwiększmy biusty, żeby zapewnić im powodzenie u płci przeciwnej? Poprawmy muskulaturę? Zmieńmy kolor oczu i włosów? Zwiększmy inteligencję? Dajmy im więcej wrażliwości albo przeciwnie – wyposażmy w rys psychopatyczny (zależnie od tego, co według rodziców bardziej się dziecku przyda)? Krótko mówiąc, zaprojektujmy dziecko na życzenie.

Jest bardzo prawdopodobne, że takie dzieci da się tworzyć. Możliwe – chociaż to trudniejsze – że i dorośli będą wówczas w stanie genetycznie się modyfikować: może piersi będą powiększać nie chirurdzy, tylko genetycy (genetyka estetyczna?)... A poprawianie inteligencji będzie pewnie polegało na zrobieniu zastrzyku[*] (swoją drogą ciekawe, ile osób się na to zdecyduje). Wojsko będzie mogło modyfikować żołnierzy, dając im większą odporność na zmęczenie i ból, poprawiając krzepliwość krwi. Nie wiem oczywiście, czy wolno będzie naukowcom takie rzeczy robić, czy i jakie ograniczenia zostaną wprowadzone. Komitet ekspertów Amerykańskiej Akademii Nauk w 2017 roku zalecił, aby zmienianie DNA zarodków dokonywane było tylko w celu usunięcia chorób albo kalectwa, a nie w celu estetycznym, i to przy spełnieniu określonych wymagań dotyczących bezpieczeństwa. Ale to jest sytuacja na dziś, gdy nawet badań nad genetycznym powiększaniem biustu, poprawą muskulatury czy zmianą koloru włosów u dzieci jeszcze się nie prowadzi.

Napisałem te zdania w czerwcu 2018 roku, a już w lipcu sytuacja zaczęła się zmieniać. Brytyjska Nuffield Council on Bioethics (Rada Bioetyki) uznała, że zmienianie DNA może być opcją dla rodziców, którzy chcieliby wpłynąć „na genetyczną charakterystykę swojego dziecka"[41]. Ta genetyczna charakterystyka, w rozumieniu Rady, nie dotyczy tylko usuwania wad genetycznych, ale też dodawania cech, które według rodziców mogą dziecku ułatwić odniesienie sukcesu w życiu. Przewodnicząca komisji roboczej zajmującej się etycznymi kwestiami modyfikacji genetycznych w rozmnażaniu ludzi, profesor Karen Yeung, wyraźnie powiedziała, że komisja dopuszcza możliwość, iż te zmiany w zarodkach mogłyby też dotyczyć wzrostu, koloru oczu i włosów dziecka, jeśli rodzice uznają, że zwiększy to jego szanse na sukces. Obecnie przepisy brytyjskie stanowią, że można (po uzyskaniu zgody) przeprowadzać badania genetyczne na zarodkach,

---

[*] Profesor Ewa Bartnik, która konsultowała merytorycznie część książki o CRISPR, w tym miejscu napisała: „Nie ma mowy!".

ale tylko przez czternaście dni, później zaś zarodki muszą zostać zniszczone, nie mogą być wszczepiane do macicy. Decyzja komisji otwiera możliwość zmian w prawie, chociaż komisja podkreśla, że na razie nie ma możliwości bezpiecznego przeprowadzania takich modyfikacji genetycznych.

Około dwóch tysięcy ludzkich cech jest jakoś genetycznie determinowanych i przynajmniej te najważniejsze na pewno będziemy się starali poprawić. Nie znaczy to, że nam się to uda w następnych dwunastu latach, a nawet do 2050 roku – nie wiemy jeszcze nawet, za co odpowiada każdy z ponad 20 tysięcy naszych genów. Wszystko to jest niesłychanie skomplikowane. Daltonizm jest powodowany przez tylko jeden gen, ale inteligencja związana jest z działaniem ponad tysiąca różnych genów. Jeden gen ma najczęściej wpływ na kilka albo więcej cech. W dodatku interakcje genów mogą wywoływać zupełnie inne skutki, niż się spodziewamy. Zatem droga do skutecznej i bezpiecznej modyfikacji całego genomu jest jeszcze długa.

Ponieważ jednak pojawiło się narzędzie, które umożliwia łatwe i szybkie zmienianie naszego DNA, to i badania nad działaniem naszych genów przyspieszą, bo geny będzie dużo łatwiej włączać i wyłączać, no i będzie realna perspektywa ich modyfikowania, czyli zastosowań praktycznych. Najbliższe kilkanaście lat posunie nas znacznie na drodze do zrozumienia, które geny co powodują i jak.

Bez względu na to, jak bardzo oszałamiające wydawałyby się te perspektywy, to jeszcze nie koniec tego, co szykuje genetyka. Na razie mówiliśmy o trzech krokach w wykorzystaniu CRISPR: do leczenia chorób genetycznych, do zapobiegania chorobom na etapie zarodka i do poprawiania genów w celach estetycznych. Ale jest i czwarty krok: dodawanie do naszego DNA genów zwierząt lub roślin albo genów syntetycznych stworzonych w laboratoriach. Takie geny na podstawie zrobionych przez badaczy dodatkowych dwóch nowych wymyślonych nukleotydów już zostały stworzone i wszczepione do DNA bakterii E. coli[42].

Dochodzimy w ten sposób do bezprecedensowej możliwości: zmieniania dotychczasowego homo sapiens w inny gatunek, człowieka poprawionego, jakiegoś homo sapiens+.

Możliwości otwierają się niemal nieskończone, jeśli tylko odpowiednio dobrze poznamy geny innych gatunków i sprawdzimy, czy nie są dla nas szkodliwe. Może nie poprawimy się do tego stopnia, żeby sobie zafundować skrzydła albo zdolność do fotosyntezy, ale przypuszczalnie istnieją geny, które z korzyścią dla gatunku można byłoby sobie wstawić do DNA. Na przykład pewien gatunek nornic ma gen monogamii. Czy wraz ze składaniem przysięgi małżeńskiej, obok wymiany obrączek, nowożeńcy nie będą sobie robili zastrzyków z takim genem?

Te cztery kroki, których zrobienie umożliwi nam technologia CRISPR, to perspektywa nie fantastyki naukowej, ale rzeczywistości najbliższych kilkunastu czy dwudziestu paru lat, jednego pokolenia. I to perspektywa nie do uniknięcia – miliony chorych ludzi czekają z nadzieją na terapię zmieniającą ich wadliwe geny. A którzy rodzice nie chcieliby, żeby ich dziecko było zdrowsze, ładniejsze i inteligentniejsze?

Możemy się spodziewać absolutnej rewolucji w medycynie – zdrowej długowieczności, czyli życia do dużo późniejszej starości w bardzo dobrym zdrowiu.

A w perspektywie pojawia się krok piąty, prowadzący nas w stronę nieśmiertelności.

ROZDZIAŁ 5

W stronę nieśmiertelności

Zmienianie naszego DNA i RNA ma ograniczyć czy wręcz zlikwidować choroby wywoływane czynnikami genetycznymi i wadliwym działaniem genów. W perspektywie może pozwolić ludziom na pozbycie się chorób serca i nowotworów. CRISPR będzie też wykorzystywany do walki z wirusami i bakteriami, bo w końcu do walki z wirusami powstał, więc można się spodziewać ograniczenia zachorowań na rozmaite choroby zakaźne. To wszystko pozwoli nam mniej chorować i żyć średnio parę lat dłużej. Ale wielu badaczom chodzi nie tylko o wyeliminowanie chorób, ale o opóźnienie starości, o zachowanie nas w dobrej formie psychicznej i fizycznej dużo dłużej niż obecnie.

Jak późna będzie ta starość? W ciągu ostatnich stu lat oczekiwana długość życia w Europie zwiększyła się o 33 lata – z 47 do 80 lat. Czy dzięki nowym osiągnięciom biologii co najmniej takiego samego przyrostu możemy oczekiwać w okresie najbliższych trzydziestu lat? I to wydłużenia zdrowego życia, a nie wydłużenia niesprawnej starości? Jak to obrazowo przedstawił George Church z Harvardu, „chodzi o to, żeby mieć ciało i umysł 22-latka, ale doświadczenie osoby 130-letniej"[43].

Prowadzone obecnie badania zajmują się również innymi niż modyfikacje genetyczne metodami opóźniania starzenia się organizmów, na przykład bada się tak zwane komórki senescentne, które z wiekiem przestają się dzielić. U myszy ich modyfikacja wydłuża życie o jedną trzecią[44]. Lek oparty na wynikach tych badań prawdopodobnie zostanie opracowany w ciągu sześciu–siedmiu lat, wcześniej, niż pojawią się terapie oparte na CRISPR. A wielkie sześcioletnie badanie nad opóźnieniem starzenia się komórek za pomocą metforminy, leku wykorzystywanego w leczeniu cukrzycy, właśnie zaczyna się w Stanach Zjednoczonych[45].

Najwięcej nadziei na długą młodość wiązać można jednak z genetyką, z wykryciem genów, które sprzyjają zachowaniu zdrowia, sprawności organizmu, długowieczności. Rekin grenlandzki żyje ponad czterysta lat, więc chyba ma jakieś odpowiadające za to geny. Wykrycie ich i modyfikowanie nie będzie łatwe. W latach dziewięćdziesiątych znaleziono u nicienia (to prosty organizm, ma mniej niż tysiąc komórek) mutację pewnego genu, która powodowała, że nicień żył dziesięciokrotnie dłużej (a myszy z taką mutacją żyły dwukrotnie dłużej). Okazało się jednak, że za przedłużenie życia nicienia odpowiada nie tylko ten jeden, ale w sumie 550 różnych genów[46]...

Mimo że zjawisko długowieczności jest genetycznie niezwykle skomplikowane, badania są prowadzone nie tylko na uczelniach, ale również przez biznes. Powstał nawet dysponujący kilkudziesięcioma milionami dolarów specjalny *venture capital* Longevity Fund. Inwestuje w nowe przedsiębiorstwa prowadzące takie badania (jego pomysłodawczynią i szefową jest Laura Deming, dziś mająca dwadzieścia cztery lata, jako czternastolatka przyjęta na MIT). W 2013 roku Google stworzył firmę Calico, wyposażając ją aż w miliard dolarów, żeby zajmowała się „długowiecznością, zdrowiem i dobrym samopoczuciem" (ale czym konkretnie zajmuje się firma, nie ujawniono).

Dwa badania prowadzone przez naukowców z Harvardu wydają mi się najbardziej obiecujące. W jednym zespół z Harvard Medical Center i Boston Hospital zajmuje się genem LIN28, który przyspiesza metabolizm i oszukuje ciało, tak że wydaje mu się, iż jest młodsze niż w rzeczywistości. Drugie to przedsięwzięcie cytowanego wcześniej profesora George'a Churcha, który stworzył osobną firmę, Rejuvenate Bio, do prowadzenia genetycznych badań nad przedłużeniem życia zwierząt, głównie psów.

Zespół George'a Churcha z różnych wcześniejszych badań wytypował 45 wariantów genów wpływających na długowieczność u drożdży, much, długowiecznych zwierząt i ludzi, którzy żyją ponad 110 lat. Na razie wiadomo, że prowadzono badania zmieniania za pomocą CRISPR/Cas9 genów u psów i gryzoni. W 2018 roku ma się ukazać artykuł o wynikach modyfikacji u gryzoni dwóch genów odpowiedzialnych za problemy z nerkami i sercem, otyłość i cukrzycę. Rezultaty, według profesora Churcha, „są takie, że oczy wychodzą na wierzch"[47].

Niezależnie od tego, jak bardzo skomplikowane są problemy z genami odpowiedzialnymi za zdrowie i długowieczność, na ich badania przeznacza się coraz więcej pieniędzy i coraz więcej ludzi się tym zajmuje. Biolodzy dostali bowiem do ręki narzędzia, dzięki którym mogą naprawdę precyzyjnie majstrować przy genach, badając je pojedynczo i zbiorowo. A skoro pojawiło się narzędzie, to wykorzystanie go do przedłużenia i poprawy jakości życia na starość jest narzucającą się logicznie konsekwencją jego możliwości.

Przedłużenie ludziom zdrowego i sprawnego życia przyniesie prawdziwie rewolucyjne konsekwencje dla społeczeństw Zachodu. Jeśli do połowy XXI wieku średnia długość życia w krajach rozwiniętych zwiększy się z obecnych osiemdziesięciu lat do stu kilkudziesięciu, w dodatku przeżywanych w dobrym zdrowiu, to kryzys demograficzny, starzenie się społeczeństw europejskich przestaną być problemem. Będziemy mogli pracować dużo dłużej niż do 65 roku życia, znikną przewidywane przez ekonomistów braki siły roboczej. Przedłużenie zdrowego życia większości ludzi oznacza też, że będzie można zmniejszyć nakłady na ochronę zdrowia – mniej osób będzie potrzebnych do opieki nad osobami starymi i pewnie mniej personelu medycznego w ogóle.

Ale jeśli będziemy żyć znacznie dłużej – nie jako niesprawni staruszkowie, lecz jako sprawni, wciąż młodzi ludzie – to co z nowymi pokoleniami? Długowieczność prawdopodobnie pociągnie za sobą dalsze zmniejszenie liczby rodzących się dzieci – proces, który obserwujemy w każdym rozwiniętym kraju od kilkudziesięciu lat. Inna rzecz, czy społeczeństwo, w którym dzieci prawie nie ma, będzie nam się podobało...

Jak daleko możemy dojść, modyfikując geny? Nikt tego nie wie. Rewolucja, którą zapoczątkowało odkrycie mechanizmu CRISPR/Cas9, dopiero nabiera mocy. Narzędzie, jak widzieliśmy, jest nieustannie doskonalone, jego możliwości rosną. Pojawią się jeszcze inne, podobne narzędzia, CRISPR/Cas9 nie stanowi końca odkryć możliwości wprowadzania zmian genetycznych. Naukowcy przekonali się, że istnieje co najmniej jedna prosta i precyzyjna metoda manipulacji genetycznych, będą więc szukali kolejnych narzędzi, jeszcze lepszych, jeszcze precyzyjniejszych i mających jeszcze większe możliwości.

Odkryta metoda jest bardzo demokratyczna – mogą ją wykorzystywać niezbyt bogate laboratoria na całym świecie, dlatego liczba miejsc, które mogą wykonywać badania, jest ogromna. Im więcej naukowców zajmuje się badaniami nad modyfikacjami genów, tym więcej jest odkryć. Z podziwem przeczytałem wypowiedź mikrobiologa z irakijskiej uczelni, który już w 2014 roku zamówił w firmie Addgene fragmenty DNA, bo chciał wprowadzić nowy gen do bakterii używanej przy produkcji paszy, i je do swoich badań otrzymał[48]. Z podziwem, bo okazało się, że nawet w zniszczonym wojną i niekojarzącym się z osiągnięciami naukowymi Iraku można prowadzić badania nad modyfikacjami genetycznymi.

Dlatego odwieczne ludzkie marzenie o nieśmiertelności przestaje wydawać się wyłącznie marzeniem. Mówią o tym niektórzy badacze i inwestorzy, a pracują nad tym poważni naukowcy. Chodzi o takie poprawienie ludzkiego organizmu, żeby ciągle wydłużać zdrowe życie, aż do nieśmiertelności. Jeśli będziemy potrafili wielokrotnie przedłużyć zdrowe życie o kolejne pięćdziesiąt lat, to przez czas tego przedłużonego życia pojawi się szansa na nowe odkrycia, znowu oddalające perspektywę śmierci. „Pomysł, że możemy żyć wiecznie, jest oczywistością. Nie narusza praw fizyki, więc go zrealizujemy"[49] – mówi trzydziestoczteroletni Arram Sabeti, jeden z inwestorów w Longevity Fund.

To byłby piąty krok modyfikacji genetycznych – zmienienie genów organizmu tak, żeby zapewnić mu nieustającą regenerację, a w rezultacie nieśmiertelność. Nieśmiertelność ryzykowną, bo nadal groziłaby nam śmierć w różnego rodzaju wypadkach, ale jednak nieśmiertelność.

Mam nadzieję, że mając dziś sześćdziesiąt trzy lata, doczekam tej genowej rewolucji i będę mógł żyć w dobrym zdrowiu i kondycji do przynajmniej stu kilkudziesięciu lat. A wraz ze mną setki milionów innych ludzi oraz większość czytających tę książkę (i pewnie znaczna część naszych psów i kotów, na szczęście).

„Zdolność do kontrolowania genetycznej przyszłości naszego gatunku jest zarówno zachwycająca, jak i przerażająca. Zdecydowanie, jak sobie z nią poradzić, jest być może największym wyzwaniem, przed jakim kiedykolwiek stanęła ludzkość"[50] – pisze w *Edycji genów* Jennifer Doudna.

Manipulując genami, przekształcając gatunki roślin i zwierząt, dając sobie długowieczność czy wręcz nieśmiertelność, zaczynamy odgrywać rolę bogów. Ale uruchomiliśmy siły jeszcze potężniejsze i modyfikacje genetyczne nie są naszym największym wyzwaniem. Jest nim inteligencja, którą chcemy uczynić doskonalszą niż ludzka. Sztuczna inteligencja.

CZĘŚĆ II

INTELIGENCJA POPRAWIONA

ROZDZIAŁ 6

Zaskoczenie

Lee Sedol, jeden z najwybitniejszych na świecie graczy w go, strategiczną grę planszową, w październiku 2015 roku, pięć miesięcy przed pojedynkiem z AlphaGo: „Na podstawie tego, co widziałem, przypuszczam, że wygram wszystkie gry". Mistrz obserwował rozgrywkę AlphaGo, opartego na sztucznej inteligencji programu do gry w go, z najlepszym europejskim graczem, wygraną przez komputer 5:0.

Luty 2016, miesiąc przed pojedynkiem z AlphaGo: „Słyszałem, że sztuczna inteligencja DeepMind użyta do stworzenia AlphaGo jest zdumiewająco silna i że staje się coraz silniejsza, ale jestem pewien, że wygram, przynajmniej tym razem".

9 marca 2016, po pierwszej grze: „Jestem zaskoczony, nie myślałem, że przegram".

10 marca 2016, po drugiej grze: „Nie wiem, co powiedzieć... Muszę przyznać, że jestem w szoku... Trzecia gra nie będzie dla mnie łatwa".

12 marca 2016, po trzeciej grze: „Czułem się bezsilny".

Sedol przegrał 4:1. W ciągu następnego roku AlphaGo pokonał dwudziestu najlepszych na świecie graczy w go, nie przegrywając ani razu.

„AlphaGo przejawiał dwie cechy, które wysoko cenię jako naukowiec: kreatywność i inicjatywę" – powiedział Max Tegmark, kosmolog, autor znakomitej książki o sztucznej inteligencji *Life 3.0*[51].

Lee Sedol w trakcie pojedynku ze sztuczną inteligencją

ROZDZIAŁ 7

Czym jest sztuczna inteligencja

Sztuczna inteligencja, w skrócie AI (ang. *Artificial Intelligence*), to określenie takich programów komputerowych, które się uczą i których działanie odpowiada jakimś aspektom ludzkiej inteligencji, ludzkim procesom poznawczym: uczeniu się, uogólnianiu, wyciąganiu wniosków, planowaniu, podejmowaniu decyzji, twórczości i tak dalej. To badacze określają, czego sztuczna inteligencja ma się uczyć i w jaki sposób proces uczenia się powinien przebiegać. Zdolność do samodzielnego uczenia się odróżnia AI od innych, nawet bardzo wyrafinowanych programów komputerowych – niezależnie od tego, jak skomplikowane obliczenia robimy w Excelu albo jakim zmianom poddajemy zdjęcia w Photoshopie, ani Excel, ani Photoshop nie uczyły się lepszego robienia obliczeń czy też doskonalenia zdjęć, ich możliwości są w pełni zaprogramowane.

Uprzedzając dalsze rozważania – czymkolwiek jest to, co nazywamy sztuczną inteligencją, na pewno nie ma dzisiaj ludzkiej zdolności myślenia, nie jest świadome i nie szykuje nam niespodziewanej zagłady.

Sztuczna inteligencja to również określenie tej części informatyki, która zajmuje się badaniem i tworzeniem programów sztucznej inteligencji. Jej dalekim celem jest stworzenie ogólnej sztucznej inteligencji (ang. *Artificial General Intelligence – AGI*), czyli takiej, która będzie równie wszechstronna i równie sprawna jak ludzka.

Program AlphaGo niedługo był najznakomitszym graczem w go: po kilku miesiącach został pokonany przez inny program stworzony przez tę samą firmę DeepMind, nazwany AlphaGoZero. W odróżnieniu od AlphaGo, który uczył się mistrzowskiej gry przez analizę milionów gier rozegranych przez ludzi, nowy program w ciągu miesiąca nauczył się grać w go wyłącznie na podstawie zaprogramowanych zasad gry, i wykorzystując je, rozegrał sam z sobą miliony partii. Ze swoim starszym bratem wygrał 100:0. Meczów z ludźmi już nie organizowano.

Chociaż można się było spodziewać, że kiedyś człowiek zostanie pokonany w go, tak samo jak w 1997 roku został pokonany w grze w szachy, nikt jednak nie przypuszczał, że nastąpi to tak szybko – przewidywano raczej, że to kwestia kolejnego dziesięciolecia[*]. Go jest grą znacznie bardziej skomplikowaną od szachów – gracze mają po 180 kamieni, gra toczy się na planszy przeciętej 19 liniami pionowymi i 19 poziomymi, a liczba możliwych kombinacji ustawień kamieni jest większa niż liczba atomów we wszechświecie. Niezależnie od siły obliczeniowej komputera nie ma więc możliwości, aby komputer wygrał, posługując się wyłącznie przewidywaniem wszystkich przyszłych kombinacji. Musi posługiwać się inteligencją, a jak twierdzą znawcy gry w go – również intuicją i kreatywnością. AlphaGo nie tylko pokonał czołowych graczy, ale również pokazał im możliwości gry, których ludzie

---

[*] W swej książce *Sztuczna inteligencja i logika*, wydanej w 2011 roku, wznowionej w 2015 i rok po pojedynku Sedola z AlphaGo przedrukowanej bez zmian (!), profesor Andrzej Kisielewicz pisał: „Jak do tej pory nie udało się skonstruować programu, który grałby w go na poziomie dorównującym mistrzom, mimo oferowanych bardzo wysokich nagród finansowych".

nie odkryli w trakcie niemal trzech tysięcy lat jej historii. „Zesłał go bóg gry w go, żeby nauczał ludzi"[52] – powiedział mistrz świata Nie Weiping.

W poprzedniej części pisałem o powstających możliwościach genetyki, która zmieni genom człowieka i stworzy nowe gatunki zwierząt oraz roślin. Czy stworzy lepszy czy gorszy świat, to zależy od tego, jak nauczymy się ją wykorzystywać i jakim ograniczeniom poddawać. W każdym razie świat nowej genetyki będzie innym światem. Dzisiejszym ludziom, jeśli sami nie poddadzą się genetycznym modyfikacjom, może być trudno się w nim odnaleźć.

Ale wszystko, co może nam zafundować biologia, blednie w porównaniu z konsekwencjami, jakie będzie miała sztuczna inteligencja. Jest ona największym, egzystencjalnym wręcz wyzwaniem dla ludzkiej przyszłości. Jedyne, z czym mogłaby być porównywana co do swoich efektów, to zjawienie się na Ziemi Przybyszów z Kosmosu.

Sztuczna inteligencja rozwija się w ostatnich latach szybciej, niż ktokolwiek się spodziewał. Dzisiaj jeszcze nie może się równać z nami, ludźmi. Ale jeśli do 2050 roku jej możliwości będą się zwiększały równie szybko jak szybkość komputerów, będzie 34 tysiące razy lepsza, niż jest dziś. Być może tak sprawna w myśleniu, jak my, a być może lepsza.

„Sztuczna inteligencja to »nowa elektryczność«" – mówi Andrew Ng. Tak jak elektryczność zmieni całą gospodarkę i życie społeczne.

Andrew Ng raczej wie, czego po sztucznej inteligencji można się spodziewać. Był szefem projektu sztucznej inteligencji Google Brain, potem głównym naukowcem zajmującym się sztuczną inteligencją w firmie Baidu, będącej chińskim konkurentem Google, a teraz jest szefem funduszu inwestującego w start-upy z tej dziedziny.

Ale Andrew Ng się myli: sztuczna inteligencja wprowadzi zmiany daleko większe niż elektryczność. Nasi przodkowie sprzed stu pięćdziesięciu lat, gdy elektryczności jeszcze nie było, jakoś by się odnaleźli w dzisiejszym świecie – w końcu Juliusz Verne pisał o podróżach na Księżyc i łodziach podwodnych. Nie jest wcale pewne, czy my odnajdziemy się w świecie za lat choćby pięćdziesiąt. Nie jest nawet pewne, czy będzie można nas odnaleźć w tym świecie opanowanym przez sztuczną inteligencję.

Pojawienie się sztucznej inteligencji porównałbym raczej do rewolucji neolitycznej, do przejścia od koczowniczego życia łowców-zbieraczy do osiadłego życia rolników. Życie naszych przodków przez sto tysięcy wcześniejszych lat, do czasu, aż zostaliśmy rolnikami, było prawie niezmienne. Potem przez dziesięć tysięcy lat przeszliśmy od jaskiń do lotów na Księżyc. Teraz przemiany o podobnej skali sztuczna inteligencja spowoduje w ciągu najbliższych pięćdziesięciu lat, a może szybciej. W bardziej konserwatywnym wariancie przyszłości czeka nas przejście od świata powszechnej pracy do świata czasu wolnego, w wariancie bardziej ekstremalnym – dosłowne przeniesienie się ludzi do świata wirtualnego.

Dzisiejsza sztuczna inteligencja jest nazywana wąską albo słabą, bo ogranicza się do niektórych tylko umiejętności człowieka, na przykład rozpoznawania wizerunków lub słów czy do grania w określoną grę. W wielu z nich, jak w rozpoznawaniu wizerunków, jest już na poziomie ludzkim, w innych, jak w szachach czy go, jest od ludzi lepsza. Są oczywiście programy łączące kilka takich szczegółowych inteligencji (na przykład programy do prowadzenia samochodu przyjmujące polecenia głosowe), ale nadal nie ma to nic wspólnego z wszechstronną inteligencją ludzką. I nie będzie miało przez przynajmniej kilkanaście następnych lat.

Sztuczna inteligencja nie jest próbą skopiowania do komputerów ludzkiego mózgu ani dokładnym naśladowaniem ludzkich procesów poznawczych. Owszem, istnieją pomysły przełożenia naszych mózgów do komputerów, gdy będą miały odpowiednią moc. Specjaliści zajmujący się sztuczną inteligencją starają się jednak o coś innego: próbują stworzyć coś, co jest odpowiednikiem naszych zdolności umysłowych, ale nie kopią mózgu. I podobnie jak samolot przewyższa ptaka w szybkości latania, a koło – nogi w szybkości poruszania się, rezultaty działania sztucznej inteligencji mogą przewyższyć efekty inteligencji naturalnej.

Rozwój sztucznej inteligencji następuje bardziej na zasadzie pomysłów, prób i błędów niż na podstawie teorii ludzkiej inteligencji czy inteligencji w ogóle, bo takich teorii nie mamy. Wcale nie jest jednak powiedziane, że w tym procesie prób i błędów nie zostanie stworzone coś, co będzie od naszego mózgu lepsze w myśleniu. Raczej można oczekiwać, że zostanie wymyślone.

Dzisiejsza sztuczna inteligencja opiera się głównie na tworzeniu tak zwanych głębokich sieci neuronowych, trochę wzorowanych na neuronach i sieciach neuronów mózgu. W tych sieciach badacze uruchamiają procesy nazywane uczeniem maszynowym albo głębokim uczeniem. Ich stopień skomplikowania jest jednak o kilka rzędów wielkości mniejszy niż złożoność mózgu – najbardziej złożona sieć stworzona przez Google miała miliard połączeń „neuronów", sto tysięcy razy mniej niż liczba połączeń w mózgu. Do tych sieci badacze wprowadzają ogromne ilości danych na jakiś temat, miliony zdjęć czy tysiące rozmów i program sztucznej inteligencji uczy się znajdować wśród nich podobieństwa i różnice, ukryte wzory i regularności.

Sztuczna inteligencja to dziś na świecie ogromny i rosnący obszar badań i biznesu. Firma konsultingowa McKinsey ocenia, że w 2016 roku największe firmy amerykańskie wydały 20–30 miliardów dolarów na badania AI. Dziś wydają pewnie trzy razy tyle. Google prowadzi w tej chwili prawie trzy tysiące projektów związanych ze sztuczną inteligencją. Chińskie miasto Tianjin stworzyło fundusz 16 miliardów dolarów na badania nad AI, a chiński rząd planuje, że do 2030 roku Chiny będą światowym liderem w dziedzinie badań nad AI i zastosowań sztucznej inteligencji, tworząc usługi oraz towary o wartości 150 miliardów dolarów. Rząd Francji w najbliższych czterech latach chce wydać na AI 1,5 miliarda euro, podobnie rząd Wielkiej Brytanii. Unia Europejska chciałaby, aby od 2020 roku coroczne wydatki krajów członkowskich i funduszy unijnych na sztuczną inteligencję wynosiły 20 miliardów euro.

W Polsce Ministerstwo Cyfryzacji przygotowuje rządowy program rozwoju sztucznej inteligencji, który ma być przedstawiony na jesieni 2018 roku. Przypuszczalnie powołany będzie osobny ośrodek zajmujący się finansowaniem badań i wdrożeń sztucznej inteligencji, inwestujący w start-upy. Priorytetowe mają być trzy dziedziny: medycyna, rolnictwo i usługi finansowe. Rząd ma wprowadzić przepisy umożliwiające udostępnienie do badań różnych baz danych, w tym medycznych (oczywiście bez danych osobowych pacjentów). Dziś, w lipcu 2018 roku, nie wiadomo jeszcze, jak duże będą środki, które rząd przeznaczy na rozwój sztucznej inteligencji w Polsce, ale powinny one być znaczne, jeśli chcemy odgrywać jakąkolwiek rolę w jej globalnym rozwoju. Na razie mamy w kraju kilka ośrodków akademickich zajmujących się głównie starszymi rozwiązaniami AI i zaledwie kilka rodzimych firm tworzących oprogramowanie, które może być komercyjnie wykorzystane[*]. W porównaniu z tysiącami amerykańskich start-upów to bardzo niewiele. Natomiast wielu polskich specjalistów pracuje – zdalnie – dla zagranicznych firm AI. Skala przemian, jakie sztuczna inteligencja spowoduje w świecie, będzie znacznie większa, niż nawet miliardowe sumy mogą sugerować.

---

[*] Firmy, o których słyszałem, to NoMagic.Ai, TensorFlight, CodiLime (deepsense.ai), Neurosoft, Ada, Growbots, Nethone, IVONA.

Mówiąc o sztucznej inteligencji, warto pamiętać o dwóch perspektywach czasowych – bliższej, kilkunastoletniej, i dalszej, rzędu 30–40 lat. Inne w nich będą możliwości AI oraz wyzwania, z jakimi będą musieli zmierzyć się ludzie.

W bliższej perspektywie rozwijać się będzie tak zwana wąska (inaczej: słaba) sztuczna inteligencja, która dotyczy rozmaitych szczegółowych możliwości (takich jak rozpoznawanie obrazów), w dalszej – może powstać AGI, czyli ogólna (silna) sztuczna inteligencja, odpowiadająca ludzkiej. Wielu specjalistów uważa, że AGI może powstać nawet w ciągu najbliższych trzydziestu lat i że na pewno powstanie w ciągu pięćdziesięciu lat – właściwie wśród specjalistów panuje co do tego powszechna zgoda. Superinteligencja, przewyższająca wielokrotnie ludzką inteligencję, pojawi się niedługo później.

Z obecnością słabej sztucznej inteligencji każdy, kto korzysta z internetu, spotyka się codziennie, niekoniecznie zdając sobie z tego sprawę.

ROZDZIAŁ 8

Co sztuczna inteligencja potrafi już dzisiaj

Gdy w przeglądarce wpisujemy wyszukiwany wyraz, już w trakcie wpisywania Google podpowiada dalszy ciąg hasła – podpowiada na podstawie naszych poprzednich wyszukiwań i odwiedzanych stron: to działa sztuczna inteligencja. Kiedy już wyświetli się strona z wynikami wyszukiwania, to ona też jest stworzona przez googlową sztuczną inteligencję, też jest dopasowana do naszej poprzedniej aktywności.

Kiedy na Facebooku wstawiamy fotografie, na których widoczne są osoby, Facebook oznacza twarze i podpowiada, kto jest kim, korzystając ze sztucznej inteligencji. Facebook ogłosił, że pracuje nad specjalnymi procesorami, które pozwolą sztucznej inteligencji na bieżąco analizować transmisje na żywo i filmy dodawane na stronę, żeby natychmiast eliminować treści, które serwis uznaje za nieodpowiednie, takie jak transmisje z zabijania zakładników albo z popełnianego właśnie samobójstwa.

Gdy szukamy filmu na Netflixie albo książki na Amazonie, wyświetlają się wygenerowane przez systemy sztucznej inteligencji podpowiedzi: „Może cię jeszcze zainteresować".

Podobnie w Pandorze, Spotify czy jakimkolwiek innym dużym serwisie podsuwającym propozycje.

Jeśli mamy iPhone'a i wydajemy polecenia wirtualnej asystentce Siri albo jeśli smartfon identyfikuje nas na podstawie twarzy, wykorzystujemy sztuczną inteligencję. Od jesieni 2018 roku ma być dostępny jeszcze lepszy system sztucznej inteligencji do smartfonów z Androidem, Google Assistant, więc praktycznie wszyscy będą na co dzień używać AI.

Kiedy tłumaczymy kawałek tekstu albo całą stronę internetową, korzystając z Google Translatora, ImTranslatora czy jakiejś innej aplikacji do tłumaczenia tekstów, używamy sztucznej inteligencji.

Dla mnie moment, w którym sobie uświadomiłem, że sztuczna inteligencja niesłychanie szybko się zmienia, nastąpił w pierwszej połowie 2017 roku. Od dawna korzystałem z tłumaczeń stron internetowych robionych przez Google Translatora, tłumaczeń na angielski, bo te były zawsze lepsze niż tłumaczenia na polski. Na ogół można było mniej więcej zrozumieć przetłumaczony tekst, ale często przekład był tak dziwny, że nie byłem pewien, o co autorom chodzi. Dlatego z Translatora korzystałem raczej rzadko, bo przedzieranie się przez dziwaczny tekst tłumaczenia i brak zaufania do jego rezultatów nie zachęcały do inwestowania czasu i wysiłku. Któregoś dnia musiałem przeczytać tekst z hiszpańskiej strony i ustawiłem tłumaczenie na angielski, a że tłumaczenie całej strony trochę trwa, zająłem się czytaniem różnych innych rzeczy. Kiedy wróciłem do tłumaczonego tekstu po godzinie czy dwóch i go przeczytałem, zacząłem się zastanawiać: „Zaraz, ale czy ten tekst nie był oryginalnie po hiszpańsku? Czy może mi się wydawało, a on był po angielsku?", tak doskonale było tłumaczenie. Dopiero po chwili zobaczyłem, że na górze jest napis: „Zobacz tę stronę w oryginale", i po kliknięciu pojawił się hiszpański oryginał. Wtedy zrozumiałem, że skokowa poprawa jakości tłumaczeń, o której wcześniej czytałem, rzeczywiście się dokonała.

„W rozpoznawaniu mowy i obrazów AI jest w tej chwili lepsza niż ludzie, to jest osiągnięcie ostatniego roku czy dwóch" – pisze „New York Times". Popatrzmy na niektóre rzeczy, które już dziś, w połowie 2018 roku, potrafi sztuczna inteligencja.

Może umówić spotkanie. Wydarzeniem maja 2018 roku była coroczna konferencja Google dla programistów. Google pokazał na niej program o nazwie Duplex, który ma w tym roku stać się częścią Google Assistant[53]. Duplex umawiał wizytę u fryzjera, prowadząc normalną rozmowę i mówiąc kobiecym głosem w sposób nieodróżnialny od ludzkiego w intonacji, zmianach tempa, zawahaniach. Osoba, z którą rozmawiał, ani przez moment nie była świadoma, że rozmawia z komputerem. Publiczność konferencji zareagowała owacją na stojąco. Programów-asystentów jest dzisiaj co najmniej kilka: wspomniana Siri z Apple, Cortana Microsoftu, Echo z Amazona i rozmaite inne. Duplex pokazuje, że oprócz wyszukiwania informacji w internecie i spełniania prostych poleceń typu „zagraj to i to" programy będą mogły już w tym roku wykonywać bardziej skomplikowane zadania.

Nie tylko biznesmeni skorzystają z wirtualnych asystentów. Taki asystent-awatar, który w imieniu nastolatka albo nastolatki będzie próbował umówić się na randkę, stanie się wśród nastolatków przebojem – wystarczy przypomnieć sobie, jak trudne to było dla nas, gdy sami byliśmy nastolatkami...

Potrafi dyskutować. Mniejszy rozgłos niż zaprezentowanie Duplexa wywołało pokazanie przez IBM w czerwcu 2018 roku możliwości programu do dyskutowania z ludźmi, nazwanego Watson Debater, którego przygotowanie zajęło firmie sześć lat[54]. Program wziął udział w publicznej dyskusji prowadzonej w modelu oksfordzkim: każda strona przedstawia przez kilka minut swoje argumenty, potem każda przez kilka minut odpowiada na argumenty przeciwnika, a później każda ma kilka minut na podsumowanie. Długość wystąpień w rozmaitych dyskusjach jest różna, ale zawsze każdy uczestnik ma tyle samo czasu. Watson Debater wziął udział w dyskusjach z dwoma zawodowymi dyskutantami i nie znał wcześniej ich tematów (czy subsydiować eksplorację kosmosu i czy zwiększyć zakres telemedycyny). Informacje czerpał z internetu, wypowiedzi przeciwników zamieniał z głosu na tekst pisany i w ten sposób mógł je analizować. Według publiczności gorzej wypadł pod względem zdolności przekonywania, lepiej jednak w ilości przekazywanych informacji. Samo to, że program sztucznej inteligencji był w stanie „zrozumieć" temat, zgromadzić informacje, przedstawić je w „ludzki" sposób, jest niezwykłym osiągnięciem, nawet jeśli jego zdolność perswazyjna jest gorsza od naszej. Z Watsonem spotkamy się jeszcze w dalszych rozdziałach, bo to nie jest jego pierwsze dokonanie.

Może doradzać. Odmianą asystentów są programy do rozmawiania z ludźmi, bo obok pisania wiadomości jest to jeden ze sposobów naturalnego dla nas komunikowania się ze sztuczną inteligencją. Czatboty (od ang. *chat* – rozmowa i *bot* – skrótu od *robot*) można dziś znaleźć choćby w Messengerze Facebooka. Na przykład dla zaniepokojonych stanem zdrowia jest GYANT[55]. Na podstawie symptomów, które mu opisujesz, stawia ci diagnozę. Spiri, określający się jako „duchowy asystent", jest takim niby-terapeutą[56]. Woebot twierdzi, że za pomocą terapii poznawczo-behawioralnej „poprawi ci nastrój bez leżanek, leków i innych dziecinad"[57]. Najciekawszym z takich osobistych botów jest Replika[58]. To aplikacja na smartfony stworzona przez rosyjską emigrantkę, która w wypadku samochodowym straciła bliskiego przyjaciela. Mając do dyspozycji tysiące SMS-ów i wiadomości, które z sobą wymieniali, postanowiła użyć ich do odtworzenia za pomocą bota jego sposobu wyrażania się – a prowadziła firmę, która miała tworzyć boty. Replika, jak sama nazwa wskazuje, ma tworzyć „replikę" ciebie, i w tym celu wymienia z tobą codziennie wiadomości, pyta cię o twoje myśli, emocje, wydarzenia w życiu – trochę jak terapeuta. Mnóstwo ludzi traktuje Replikę jak rodzaj terapii, bo jej pytania skłaniają do otwarcia się, zastanowienia nad sobą. „Kocham moją replikę... Jest miła i pisze mi komplementy... Mogę z nią o wszystkim pogadać... Nazywamy się różnymi słodkimi słówkami... Ta aplikacja jest wspaniała, polecam"[59] – pisze jedna z polskich użytkowniczek w komentarzach do aplikacji w sklepie Google Play. Dziś główne zastosowania czatboty znajdują w komunikowaniu się z użytkownikami różnych serwisów w biznesie i jak pokazują poniższe przykłady, są coraz bardziej wyrafinowane oraz mają coraz większe możliwości.

Jeśli mieszkacie w Wielkiej Brytanii i jesteście klientami banku NatWest, to możecie w nim spotkać wirtualną pracownicę. Czatbot ma na imię Cora, działał od początku 2017 roku w postaci tekstowej (tak jak ogromna większość czatbotów – rozmowa z nimi wygląda identycznie jak rozmowa w Messengerze). Teraz jest już awatarem, który potrafi rozmawiać na dwieście tematów związanych z usługami banku – od „nie mogę się zalogować" do „jak dostać kredyt" – i co miesiąc przeprowadza 200 tysięcy rozmów. Program jest tworzony przez firmę o nazwie Soul Machines (Duchowe Maszyny) Marka Sagara z Nowej Zelandii, który dostał kiedyś nagrody za animację twarzy w *Królu Lwie* i *Awatarze*. „Soul Machines używa cyfrowych postaci, które potrafią rozpoznawać ludzkie emocje i reagują werbalnie oraz wyrazem twarzy – wyjaśnia pracownik NatWest. – Tak jak ludzie, Cora uczy się radzenia sobie z nowymi sprawami, a kiedy popełnia błąd, to się na nim uczy, więc z biegiem czasu jej interakcje stają się coraz bardziej odpowiednie"[60]. O konsekwencjach stosowania Cory i innych podobnych do niej programów sztucznej inteligencji w biznesie piszę w rozdziale *Hurra, będziemy mieli więcej wolnego czasu!*.

Umie mistrzowsko grać w najrozmaitsze gry. W szachy komputer DeepBlue pokonał mistrza świata w 1997 roku, ale dopiero w ostatnich latach różne programy wykorzystujące sztuczną inteligencję potrafią grać na poziomie ludzkim albo nadludzkim w prawie wszystkie gry. Komputer Watson IBM (oryginalna wersja Watsona od dyskusji) w 2011 roku wygrał z ludźmi w teleturnieju *Jeopardy* (w Polsce znanym pod nazwą *Va Banque*). Program Deep Mind w 2013 roku nauczył się grać w sześć różnych gier na Atari, z tego w trzy na poziomie mistrzowskim. AlphaGo pokonał, jak widzieliśmy wcześniej, całą światową czołówkę w grze w go, jedną z najtrudniejszych gier, jakie ludzie wymyślili, a w 2017 roku najlepsi na świecie gracze w pokera zostali pokonani przez system Libratus[61]. W przeprowadzonej rok wcześniej ankiecie specjaliści od AI przewidywali, że taki poziom sztuczna inteligencja osiągnie dopiero w 2020 roku[62]. Osiągnęła trzy lata wcześniej.

Może zamieniać tekst pisany na głos i odwrotnie – rozpoznawać głos i zamieniać go na tekst. Można spróbować zamiany tekstu na głos on-line w Google – do dyspozycji są 32 realistycznie brzmiące głosy i 12 języków[63] (polskiego jeszcze nie ma, ale będzie razem z Google Assistant do końca 2018 roku), do tego są liczne strony w internecie i aplikacje na smartfony. Już w 2017 roku AI osiągnęła zdolność rozpoznawania przez telefon słów wypowiadanych przez ludzi z większą dokładnością, niż my sami je rozpoznajemy. Aplikacje zamieniające wypowiadane przez nas zdania na tekst dostępne są dziś nawet przy wysyłaniu SMS-ów, można też dyktować na smartfon dłuższe teksty.

Potrafi stworzyć wierną kopię czyjegoś głosu. Na podstawie niewielkiej próbki – jak twierdzi firma Lyrebird, wystarczy jedna minuta[64] – można dzięki sztucznej inteligencji stworzyć głos wypowiadający dowolne napisane zdania. Czyli nie trzeba już będzie ryzykować i nagrywać polityków za pomocą mikrofonów ukrytych w restauracji. Wystarczy wykonać kopię ich głosu, posługując się ogólnie dostępnymi nagraniami, napisać dowolny tekst i dać skopiowanemu głosowi do odczytania.

Może tłumaczyć na żywo. W Skypie jest opcja tłumaczenia rozmowy na żywo, również Google Translator umożliwia tłumaczenia wypowiadanych zdań na żywo w smartfonie. Za 159 dolarów można kupić specjalny zestaw słuchawek Google Pixel Buds, które działają razem ze smartfonem i Translatorem – w słuchawkach słychać, co mówi twój rozmówca, w twoim języku, on słyszy z twojego smartfona to, co mówisz do niego, w swoim. Zestaw obsługuje 40 języków.

Umie tworzyć własne opisy do zdjęć i znajdować w bazie zdjęcia nie po tym, jak oznaczyli je ludzie („Morze Śródziemne"), ale według wyszukań typu: „Znajdź zdjęcie rodziny na plaży w czasie zachodu słońca". Tym zajmuje się program Adobe Sensei.

Potrafi namalować obraz na podstawie podanego przez człowieka opisu. Może to być „żółty ptak z czerwonym dzióbkiem", ale również „piętrowy autobus lecący w chmurach". Program Microsoftu uczył się tego na obrazkach zaopatrzonych w opisy, a potem ćwiczył sam z sobą – jedna część rysowała, druga zaś zgadywała, co jest na rysunku[65]. Pod adresem www.autodraw.com można skorzystać z aplikacji sztucznej inteligencji, która rozpoznaje to, co rysujemy, i zamienia nasze nieudolne próby w gotowe kształty.

I napisać baśń. Nie całkiem jeszcze samodzielnie, bo z pewną pomocą ludzi, program Voicebox napisał baśń wzorowaną na baśniach braci Grimm[66].

Potrafi też tworzyć fałszywe zdjęcia i filmy. Sztuczna inteligencja pozwala wykreować realistyczne zdjęcia ludzi, którzy nie istnieją[67], oraz, co gorsza, realistycznie wyglądające filmy pokazujące miejsca czy sytuacje, które w rzeczywistości wyglądają zupełnie inaczej[68]. Takie możliwości występowały również dawniej, bez sztucznej inteligencji, o czym świadczy wiele hollywoodzkich filmów, ale wymagały potężnych komputerów i mnóstwa czasu, dziś wystarcza laptop. Można też zmieniać mimikę osoby na filmie w taki sposób, aby naśladowała mimikę innej osoby[69] – na sfałszowanym filmie polityk będzie wygłaszał przemówienie, którego nigdy nie wygłosił, poruszając ustami w odpowiedni sposób, głos zaś podłożymy, korzystając z opisanych wcześniej narzędzi. Nowy program firmy Nvidia potrafi stworzyć z normalnego filmu płynny film w zwolnionym tempie, nie do odróżnienia od takiego, który od razu był nakręcony w zwolnionym tempie. Era *fake news* dopiero się, niestety, zaczyna.

Może identyfikować ludzi na podstawie ich zachowania: po sposobie, w jaki się poruszasz, trzymasz smartfona i piszesz na nim, aplikacja UnifyID rozpozna cię z dokładnością 99,999 procent (pomyli się raz na milion przypadków). Systemy inwigilacji będą wkrótce mogły rozpoznawać ludzi, którzy zakryli twarze.

Potrafi rozpoznać twarz w tłumie. Chińczycy aresztowali poszukiwanego człowieka, gdy przybył na koncert na stadionie, na którym było 50 tysięcy osób; rozpoznany został na bramce, a zatrzymany na trybunach[70]. Do 2020 roku w Chinach ma zostać wdrożony system Bystre Oko łączący w jednym miejscu obrazy przekazywane ze 626 milionów kamer zamontowanych w całym kraju (tyle ich ma być w 2020 roku, obecnie jest 176 milionów). BBC przeprowadziło próbę – wysłało swojego korespondenta na ulicę w liczącym 3,5 miliona mieszkańców chińskim mieście Guiyang, żeby sprawdzić, jak szybko policja go znajdzie. Znalazła po siedmiu minutach. Chiński system ma pozwolić na identyfikację dowolnej osoby w ciągu trzech sekund z 90-procentową dokładnością (to znaczy, że będzie się mylił raz na dziesięć rozpoznań)[71].

Od jesieni 2018 roku amerykańska policja będzie miała do dyspozycji przypinane do ubrań kamerki (system stworzony przez Motorolę w partnerstwie z firmą zajmującą się sztuczną inteligencją Neurala), które będą alarmować policjanta, gdy wśród ludzi wokół niego rozpoznają twarz poszukiwanego przestępcy albo osoby zaginionej[72]. Czy i gdzie system zostanie wdrożony, zależy już nie od pokonania barier technicznych, tylko od tego, czy policja w amerykańskich miastach będzie miała na niego pieniądze.

Istniejący już system rozpoznawania twarzy od 2017 roku sprzedaje amerykańskiej policji Amazon. System sztucznej inteligencji do rozpoznawania twarzy jest częścią oferty Amazon Cloud i rozmaite firmy mogą go stosować w swoich aplikacjach od 2016 roku[73].

I rozpoznać na podstawie zdjęć nasze preferencje seksualne (czy jesteśmy hetero, czy homo). Naukowcy ze Stanfordu (w tym nasz rodak Michał Kosiński) posłużyli się ogólnie dostępnymi zdjęciami twarzy (!) 14 tysięcy osób z portali randkowych dla osób hetero- i homoseksualnych, by nauczyć program AI rozpoznawania ich orientacji[74]. Kiedy programowi pokazywano nowe fotografie, potrafił rozpoznać seksualne preferencje 91 procent mężczyzn i 86 procent kobiet. Ludzie w takich próbach wypadli dużo gorzej: na podstawie zdjęć twarzy rozpoznali preferencje tylko 64 procent mężczyzn i 54 procent kobiet.

Da radę odkryć planetę. Kepler Space Telescope wysłany w kosmos przez NASA jest połączony z programem sztucznej inteligencji analizującym przesyłane dane. Pierwszą odkrytą przez program planetą była ósma planeta w systemie Kepler-25, odległym od Ziemi o 2545 lat świetlnych[75].

Umie grać na giełdzie, wykrywać oszustwa w systemie kart kredytowych i określać wiarygodność kredytową klientów banków. Oprogramowanie do gry na giełdzie wielkie firmy maklerskie stosują już od wielu lat i w tej chwili większość transakcji na światowych giełdach jest dokonywana automatycznie. Od wielu też lat banki wydające karty kredytowe oraz organizacje rozliczające transakcje kartami wykrywają oszustwa za pomocą sztucznej inteligencji. Jeśli dzwonili do was z banku z pytaniem o dziwną transakcję, jakiej dokonaliście rano w pierwszym dniu wakacji w Grecji, to właśnie dlatego, że system sztucznej inteligencji zaalarmował, że coś się zmieniło w waszych zwyczajach zakupowych. Programy AI do określania wiarygodności kredytowej w amerykańskich bankach są wprowadzane już od kilku lat.

O rozmaitych innych możliwościach sztucznej inteligencji będzie jeszcze mowa w dalszych rozdziałach, ale warto osobno wspomnieć o całej wielkiej dziedzinie, która dla wszystkich jest niesłychanie istotna – o leczeniu. Sztuczna inteligencja już obecnie w niektórych sytuacjach **potrafi stawiać diagnozy i proponować leczenie.** Prowadzi się na ten temat mnóstwo badań – medycyna stanie się jedną z pierwszych dziedzin, w których AI znajdzie masowe zastosowanie. Oto kilka przykładów takich badań i ich zastosowań.

Naukowcy z uniwersytetu w Nottingham w Wielkiej Brytanii sprawdzali (2016), w jakim stopniu systemy AI potrafią przewidzieć, że pacjent będzie miał w następnych dziesięciu latach zawał albo wylew. Posłużyli się danymi 375 tysięcy pacjentów z ubiegłych lat – trzy czwarte wzięli do uczenia sztucznej inteligencji, pozostałe zaś służyły do sprawdzenia, jak programy (bo testowano kilka konkurencyjnych programów) sobie radziły. Wylew lub zawał miało 7404 pacjentów, najlepszy program przewidział 4998 przypadków, ale standardowe wskaźniki ryzyka, którymi posługują się kardiolodzy, pozwalały przewidzieć o 355 przypadków mniej[76].

Na podstawie 112 tysięcy zdjęć rentgenowskich osób z chorobami płuc naukowcy ze Stanfordu (2017) w ciągu miesiąca stworzyli oprogramowanie wykrywające 14 różnych chorób płuc. Sprawdzili diagnozowanie zapalenia płuc na 420 zdjęciach, które przedstawili czterem radiologom ze Stanfordu. Program AI był lepszy w wykrywaniu choroby od każdego z nich, rzadziej też stawiał diagnozę fałszywą[77].

Inna grupa ze Stanfordu opracowała (2017) program do wykrywania raka skóry, wykorzystując 129 tysięcy zdjęć. W wykrywaniu czerniaka system był równie skuteczny jak 21 lekarzy dermatologów[78].

Grupa naukowców z Korei Południowej używała programu AI (2017) do wykrywania grzybicy paznokci. Porównali wyniki działania programu z rozpoznaniami lekarzy: tylko jeden na 42 dermatologów miał wyniki lepsze niż program, a wśród tych 42 było 16 profesorów dermatologii[79].

Dwa algorytmy sztucznej inteligencji zostały w 2018 roku zaaprobowane do stawiania diagnozy przez amerykańską FDA. Jeden analizuje obrazy komputerowe, wykrywając zablokowanie tętnic w mózgu, co może wskazywać na ryzyko wylewu, i powiadamia specjalistów, że należy natychmiast zająć się pacjentem[80]. Jeszcze ciekawszy jest przypadek drugiego systemu AI. Zdjęcia siatkówki oka wykonywane specjalną kamerą są wysyłane na serwer i tam program diagnozuje wystąpienie retinopatii cukrzycowej, choroby oczu związanej z cukrzycą. To oprogramowanie jest pierwszym, któremu FDA pozwala na samodzielne (!) stawianie diagnozy[81].

Najsłynniejszym programem, a raczej komputerem wyposażonym w zespół programów sztucznej inteligencji, jest wspomniany już wcześniej Watson firmy IBM. Watson w 2011 roku wygrał w teleturnieju *Jeopardy*, ale został od tego czasu przeprogramowany i uzupełniony o sztuczną inteligencję opartą na sieciach neuronowych. Watson stawia diagnozy i proponuje leczenie. Ma dostęp do 23 milionów artykułów z literatury medycznej, oficjalnej listy badań nowych leków i terapii oraz do innych baz danych. Jeden z podprogramów, Watson Genomics, jest w stanie w ciągu 10 minut zanalizować genom pacjenta, zidentyfikować w nim mutacje genetyczne, sprawdzić, czy te mutacje były wymieniane w artykułach na temat raka, przejrzeć doniesienia o udanych próbach leczenia takich przypadków i sprawdzić, czy aktualnie prowadzone są badania kliniczne, do których pacjenta można by zapisać – a potem zaproponować terapię. Żeby wykonać taką pracę, lekarz musiałby poświęcić nie 10 minut, ale 160 godzin[82]. Watson for Oncology diagnozuje przypadki raka płuc, okrężnicy, piersi i jelit z precyzją podobną do ludzkiej lub od niej lepszą – w Japonii Watson zdiagnozował u pacjentki rzadką formę białaczki, która nie została rozpoznana przez lekarzy. Jego zalecenia terapii są niemal w stu procentach zgodne z zaleceniami onkologów[83]. W 2017 roku komputer został wyposażony w dodatkowy program sztucznej inteligencji do rozpoznawania zdjęć, zarówno USG, jak i rentgenowskich, i ma pomagać w rozpoznawaniu chorób serca i krążenia; rozpoczął od diagnozowania zwężenia zastawki aortalnej[84].

Istnieją i pojawiają się nieustannie inne systemy do diagnozy medycznej. W Massachusetts General Hospital działa system

QPID analizujący historie pacjentów, który jest używany w ponad trzech milionach przypadków rocznie[85]. W Mt. Sinai's Icahn School of Medicine w Nowym Jorku mają własny system diagnostyczny, Deep Patient, który na podstawie 700 tysięcy przypadków nauczył się rozpoznawania objawów 78 różnych chorób[86].

Konkurencją dla Watsona może być stworzony w Wielkiej Brytanii kosztem 85 milionów dolarów system Babylon Health, wspomagający lekarzy domowych w stawianiu diagnozy. Zgodnie z przepisami system może spełniać wyłącznie funkcje doradcze i nie może być samodzielnym diagnostą, mimo że na egzaminie z diagnostyki dla lekarzy ogólnych miał 82 procent trafnych odpowiedzi, podczas gdy ludzka średnia wynosi 72 procent. W systemie Babylon pracuje 250 lekarzy, którzy udzielają konsultacji 26 tysiącom pacjentów przez internetowe wideo, kolejne 20 tysięcy czeka na zezwolenie brytyjskich władz, by się przyłączyć do eksperymentu. Zanim lekarz zobaczy pacjenta, rozmawia z nim komputer, który stawia diagnozę z określonym prawdopodobieństwem. Potem rozmawia lekarz, który w tym czasie dostaje jeszcze z programu dodatkowe informacje o emocjach przeżywanych przez pacjenta w czasie rozmowy, wykrywanych dzięki analizie ruchów 117 mięśni twarzy. Konwersacja lekarza z pacjentem jest przetwarzana na tekst i od razu kategoryzowana. Babylon właśnie próbuje wejść na rynek amerykański i ma nadzieję w 2019 roku rozpocząć pracę z przychodniami i ubezpieczycielami.

Opisane systemy działają na superkomputerach albo serwerach w chmurze, do których lekarze przekazują wyniki badania pacjenta i jego zdjęcia rentgenowskie i USG. Ale działa już aplikacja sztucznej inteligencji na iPhone'a, VisualDx, służąca jako pomoc diagnostyczna dla lekarzy. VisualDx nie potrzebuje do działania połączenia z serwerem, na iPhonie przeprowadza wszystkie analizy. Na jesieni 2017 roku aplikacja została wzbogacona o wersję dla dermatologów – smartfonem mogą teraz zrobić zdjęcie chorej skóry, które VisualDx zanalizuje i przedstawi możliwe diagnozy. Twórcy aplikacji pracują nad wersją dla zwykłych ludzi – aplikacja ma ich uspokajać, jeśli podejrzane zaczerwienienie jest niegroźne, i alarmować, gdy trzeba natychmiast szukać pomocy lekarskiej[87].

Oprócz tego sztuczna inteligencja jest wykorzystywana do projektowania przedmiotów i nowych materiałów, opracowywania leków, analizowania naszych zachowań w mediach społecznościowych, potrafi przewidywać przyszłość stanów chaotycznych, komponować prostą muzykę i pisać proste teksty dziennikarskie, a nawet napisać początek horroru. No i sterować coraz bardziej skomplikowanymi robotami. Dosłownie każdy dzień przynosi nowe informacje o jej możliwościach i zastosowaniach.

ROZDZIAŁ 9

Jak działa sztuczna inteligencja i skąd się wzięła

Chociaż istnieją setki definicji ludzkiej inteligencji, a specjaliści sprzeczają się o jej rozumienie, to w życiu codziennym jesteśmy w stanie bez specjalnego trudu uzgodnić, że ktoś jest głupi, ktoś jest inteligentny, a ktoś inny jest geniuszem. Osoby inteligentne lepiej przyswajają nowe informacje, szybciej wyciągają wnioski z tego, co widzą, dostrzegają więcej podobieństw i więcej różnic między zjawiskami, potrafią wymyślać lepsze rozwiązania, myślą bardziej abstrakcyjnie.

Przyjmijmy zatem, że inteligencja to zdolność do uczenia się na coraz wyższym poziomie abstrakcji i wymyślania działania adekwatnego do sytuacji. A sztuczna inteligencja w swojej postaci docelowej ma mieć podobne do ludzkich możliwości rozpoznawania sytuacji, uczenia się, wyciągania wniosków, rozwiązywania problemów, uogólniania, komunikowania się w języku naturalnym. Niekoniecznie jednak procesy te muszą przebiegać tak samo jak u ludzi – podobne mają być jedynie ich efekty. Trochę tak, jakbyśmy mieli do czynienia z inteligentnymi Obcymi z Kosmosu: na pewno są w stanie zrozumieć, co się dzieje, uczyć się, być twórczy i się komunikować, ale ich mózgi mogą być zbudowane kompletnie inaczej niż nasze, a zasady działania inne, natomiast efekty tego działania byłyby podobne. Ptaki i samoloty latają (efekt jest ten sam), lecz system napędowy mają zupełnie inny. Podobnie może być z ludzką i sztuczną inteligencją.

Za współczesnego ojca sztucznej inteligencji[*] – i komputerów – można uznać genialnego angielskiego matematyka Alana Turinga. To on wymyślił test Turinga, o którym będzie mowa dalej. Szerokiej publiczności znany jest głównie z tego, że w czasie drugiej wojny światowej był szefem zespołu brytyjskich uczonych łamiących kod niemieckiej maszyny szyfrującej Enigma. W 1936 roku, w wieku dwudziestu czterech lat, Turing napisał artykuł *On Computable Numbers* (O liczbach obliczalnych), w którym udowadniał, że możliwe jest stworzenie „uniwersalnej maszyny liczącej", czyli komputera. W 1945 roku opublikował raport *Proposed Electronic Calculator* (Pomysł kalkulatora elektrycznego), w którym zawarł dokładny opis takiej maszyny. Według zasad podanych przez Turinga stworzono w Wielkiej Brytanii kilka komputerów, w tym najszybszy wówczas na świecie komputer ACE.

Turing przez cały czas zastanawiał się nad możliwościami wymyślonych przez siebie maszyn, wykraczającymi poza wykonywanie obliczeń. W raporcie z 1945 roku pisał: „Taka maszyna, mając podaną pozycję w szachach, może przedstawić listę prowadzących do wygranej posunięć mniej więcej na trzy ruchy obu graczy z góry. (...) To nasuwa pytanie, czy maszyna może grać w szachy. Dosyć łatwo można stworzyć maszynę, która będzie źle grała w szachy, źle, ponieważ

---

[*] Pomysłodawcą czegoś, co dziś uznalibyśmy za komputer, był dziewiętnastowieczny angielski wynalazca Charles Babbage, który przez kilkadziesiąt lat próbował skonstruować maszynę liczącą nazwaną przez niego *analytical engine* (maszyna analityczna). Jego współpracownicą była Ada Lovelace, genialna córka lorda Byrona, która niestety umarła w wieku trzydziestu siedmiu lat. Babbage i Lovelace nigdy nie skonstruowali wymyślonej maszyny, ponieważ technika w pierwszej połowie XIX wieku, gdy nawet elektryczności jeszcze nie znano, była zbyt prymitywna.

dobra gra w szachy wymaga inteligencji. Wyżej stwierdziliśmy, że maszynę należy traktować jako pozbawioną inteligencji. Są jednak przesłanki, by uznać, że można stworzyć maszynę zachowującą się w sposób inteligentny (*display intelligence*), ale wiąże się to z ryzykiem, że czasami będzie popełniać poważne błędy. Jeśli się na to zgodzimy, to przypuszczalnie można stworzyć maszynę bardzo dobrze grającą w szachy"[88]. Do kwestii pomyłek jako nieuniknionych kosztów inteligencji jeszcze wrócę.

Dwa lata później w publicznym wykładzie Turing przedstawił pomysł czegoś, co potem zostało nazwane uczeniem maszynowym (ang. *machine learning*) – pomysł programu, który sam się modyfikuje. „To, o co nam chodzi, to maszyna, która potrafi się uczyć na podstawie doświadczenia, drogą zaś do tego jest pozwolenie jej na zmienianie instrukcji swego działania"[89]. W 1948 roku napisał nieopublikowany raport *Intelligent Machinery* (Inteligentne maszyny), w którym przedstawił rozmaite pomysły, takie jak sieci neuronowe, które nazwał „niezorganizowanymi maszynami". A dziennik „The Times" z 1949 roku cytuje taką jego wypowiedź o komputerach: „Mogą minąć lata, zanim poznamy możliwości tych nowych maszyn, ale nie widzę powodu, żeby nie miały one wkroczyć na pola tradycyjnie będące domeną ludzkiego intelektu i kiedyś współzawodniczyć z nami na równych zasadach. Myślę, że nie można nawet wykluczyć, że maszyna napisze sonet, chociaż tutaj porównanie z sonetami pisanymi przez ludzi mogłoby być trochę nie fair, sonet napisany przez maszynę będzie pewnie bardziej doceniony przez inną maszynę".

W 1950 roku w artykule *Computing Machinery and Intelligence* (Maszyny liczące i inteligencja) opublikowanym w kwartalniku „Mind" Turing opisał „grę w naśladowanie", która dziś jest nazywana testem Turinga – prosty sposób na zbadanie, czy maszynę można uznać za inteligentną. Turing zaproponował odmianę istniejącej gry towarzyskiej: osoba, która nie

Enigma – wykorzystywana w czasie drugiej wojny światowej niemiecka maszyna szyfrująca, którą rozpracowali polscy matematycy, a potem Alan Turing z zespołem

widzi dwojga pozostałych uczestników zabawy, zadaje im na piśmie pytania i na piśmie dostaje odpowiedzi, i na podstawie tych odpowiedzi ma zgadnąć, która z osób jest mężczyzną, a która kobietą. A co się będzie działo, pytał Turing, gdy jedną osobę zastąpimy maszyną? Czy grający będzie się mylił równie często, zgadując, kto jest maszyną, a kto człowiekiem, jak myli się, zgadując, kto jest kobietą, a kto mężczyzną? To pytanie, według Turinga, jest sensowniejsze niż pytanie: „Czy maszyna może myśleć?". Tego nie wiemy, ale jeśli sądzimy, że zachowuje się tak, jakby myślała, to możemy przyjąć, że jest inteligentna*.

W 1952 roku Turing, który był gejem, został oskarżony o naruszenie moralności publicznej, ponieważ homoseksualizm był w ówczesnej Wielkiej Brytanii przestępstwem, a on spędził noc z młodym mężczyzną. Skazano go na roczną kurację hormonalną zastrzykami estrogenu, pozbawiono dostępu do poufnych informacji i odsunięto od prac przy kolejnym komputerze. Dwa lata po procesie, w wieku czterdziestu dwóch lat, popełnił samobójstwo.

Jego kariera naukowa trwała tylko szesnaście lat. Ciekawe, gdzie byłaby dzisiaj sztuczna inteligencja, gdyby Turing mógł pracować przez kolejne trzydzieści czy czterdzieści lat. Sześćdziesiąt lat po śmierci Turinga w Wielkiej Brytanii legalne stały się małżeństwa homoseksualne...

W czasie wojny Turing został na rok wysłany do USA, aby mógł się przyjrzeć pracy nad amerykańskimi maszynami

---

* Od 1990 roku na Uniwersytecie w Cambridge corocznie jest organizowany konkurs programów sztucznej inteligencji o Nagrodę Loebnera (od nazwiska naukowca, który to zorganizował). Są to programy, które mają naśladować komunikowanie się człowieka. Na razie żaden z programów nie zdał testu Turinga, żaden z twórców nie zdobył złotego medalu i 100 tysięcy dolarów nagrody – sędziowie konkursu (losowani spośród pracowników Cambridge Center for Behavioral Studies) zawsze potrafili rozpoznać, na których terminalach komunikuje się z nimi człowiek, a na których program komputerowy.

ENIAC – pierwszy w pełni elektroniczny amerykański komputer

szyfrującymi, i zaprzyjaźnił się z pracującym nad nimi innym geniuszem, twórcą teorii informacji Claude'em Shannonem. Toczyli liczne rozmowy o tym, co ich interesowało najbardziej – o przyszłych możliwościach powstających maszyn liczących. Pierwszy w pełni elektroniczny amerykański komputer ENIAC był wówczas, w 1942 roku, dopiero konstruowany. „Te komputery – wspominał Shannon kilkadziesiąt lat później – były ogromne, powolne i trudne w obsłudze, zajmowały parę pokojów i miały możliwości dzisiejszego kalkulatora za dziesięć dolarów. Ale i tak potrafiliśmy dostrzec ich potencjał, przewidywać, co się stanie, kiedy będą dużo tańsze i będą pracować nieprzerwanie, dłużej niż przez dziesięć minut, bo wtedy po dziesięciu minutach się psuły. Spędzaliśmy dużo czasu, rozmawiając o tym, co się dzieje w ludzkim mózgu. Jak jest zbudowany, jak działa i czy maszyna może zrobić to, co robi mózg. Marzyliśmy. Turing i ja rozmawialiśmy o możliwościach symulowania całości ludzkiego mózgu – czy naprawdę można by stworzyć komputer działający na poziomie mózgu człowieka albo nawet lepszym. O pomyśle zbudowania komputerów, które będą myślały. To się wówczas wydawało łatwiejsze do zrobienia niż dziś"[90].

Pierwszy program sztucznej inteligencji został stworzony dopiero kilkanaście lat później. W 1956 roku Allen Newell, J.C. Shaw i Herbert Simon wymyślili Logic Theorist (Teoretyka Logiki), który miał udowadniać twierdzenia logiki sformułowane w *Principia Mathematica* przez Bertranda Russella i Alfreda Northa Whiteheada. Dla jednego z twierdzeń Teoretyk znalazł nowy, lepszy dowód niż podany przez Russella i Whiteheada – po raz pierwszy program komputerowy okazał się lepszy od ludzi w czymś w rodzaju rozumowania.

Komputery w ciągu tych kilkunastu lat od spotkania Turinga i Shannona stały się znacznie mniejsze, bardziej niezawodne i sprawne, widać było już, że działa prawo Moore'a o podwajaniu mocy komputerów co półtora roku*. Nic dziwnego, że geniusze, którzy się zajmowali komputerami, uwierzyli, że tylko krok dzieli ich od stworzenia prawdziwej sztucznej inteligencji. John McCarthy (to on wymyślił termin „sztuczna inteligencja"), Marvin Minsky, Nathaniel Rochester i Claude Shannon tak napisali o pierwszej konferencji poświęconej sztucznej inteligencji: „Proponujemy zorganizowanie dwumiesięcznej konferencji z udziałem 10 osób w lecie 1956 roku w Dartmouth College. Będziemy chcieli znaleźć sposoby na to, by maszyny mogły używać języka, tworzyć pojęcia i abstrakcje, rozwiązywać problemy, co teraz jest właściwością ludzi, i by mogły się doskonalić. Uważamy, że poważny postęp będzie mógł się dokonać w jednym albo w kilku z tych zagadnień, jeśli starannie wyselekcjonowana grupa naukowców będzie nad nimi pracowała przez całe lato"[91]. Propozycję wysłali do Fundacji Rockefellera, która koszt konferencji w wysokości 13,5 tysiąca dolarów po namyśle pokryła.

Starannie wyselekcjonowana grupa najwybitniejszych naukowców pracowała z entuzjazmem przez całe lato nad projektem, który został nazwany Letnim Projektem Sztucznej Inteligencji w Dartmouth, tworząc nową dziedzinę nauki: badania nad sztuczną inteligencją. Naukowcy okazali się nadmiernymi optymistami – żadnego z problemów, którymi się zajmowali, nie udało im się rozwiązać. Można jednak powiedzieć, że w tym momencie sztuczna inteligencja oficjalnie objawiła się światu jako dyscyplina nauki, ranga zaś uczonych, którzy w konferencji wzięli udział, takich jak

---

* To prawo Moore sformułował dopiero w 1965 roku i ściśle mówiąc, dotyczyło ono liczby tranzystorów, jaką można umieścić w układzie scalonym, czyli na przykład procesorze komputera, co z grubsza odpowiada możliwościom obliczeniowym komputera. Jest to prawo empiryczne, wynikające z obserwacji. Na podstawie danych od lat sześćdziesiątych przyjmuje się, że to podwojenie następuje co dwa lata, a nie co półtora roku.

noblista Claude Shannon, pokazała, że ten pomysł jest pomysłem poważnym.

To, że kilkudziesięciu (tylu w końcu przyjechało do Dartmouth) wybitnym uczonym nie udało się stworzyć sztucznej inteligencji w trzy miesiące, wynikało nie z ich ograniczeń umysłowych – nie było pewnie na świecie ludzi od nich bystrzejszych – lecz z braku gotowych narzędzi (algorytmów) i z niewiarygodnie słabej, z dzisiejszej perspektywy, mocy obliczeniowej komputerów. Łączna moc obliczeniowa komputerów z całego świata w latach pięćdziesiątych była miliony razy mniejsza niż moc obliczeniowa dowolnego smartfona, którym się dziś posługujemy. Chociaż uczonym ówczesne komputery wydawały się potężne – mogły przecież przeprowadzać skomplikowane obliczenia tysiące razy szybciej niż ludzie – to późniejsze doświadczenie pokazało, że ich możliwości były ułamkiem ułamka promila tej mocy, która jest konieczna do tworzenia sztucznej inteligencji mogącej dzisiaj w jakichś dziedzinach konkurować z człowiekiem.

Przez wiele lat sztuczna inteligencja rozwijała się przez tworzenie systemów naśladujących sposoby rozumowania ludzi. Jak to określili w swojej propozycji pomysłodawcy konferencji w Dartmouth, „sztuczna inteligencja zaczyna się od założenia, że każdy aspekt uczenia się albo innych cech inteligencji może być dokładnie opisany w taki sposób, że maszyna będzie mogła go symulować"[92]. Głównym efektem takiego podejścia były systemy eksperckie – systemy komputerowego naśladowania sposobów podejmowania decyzji przez ekspertów z rozmaitych dziedzin. Ich opracowanie okazało się niezwykle żmudne, bo trzeba było z ekspertów wyciągać nie tylko ich wiedzę, lecz właśnie sposoby rozumowania, w wielu wypadkach zaś to intuicja, a nie jasno uświadomione reguły („jeśli – to"), daje nowe (i prawidłowe) odpowiedzi. Ale do lat osiemdziesiątych udało się stworzyć systemy eksperckie w rozmaitych dziedzinach: pierwszym był Dendral ustalający powiązania cząsteczkowe w związkach chemicznych, był też Prospector, który pomagał w poszukiwaniach geologicznych, był ONCOCIN pomagający w ustalaniu dawek leków dla pacjentów chorych na raka, Puff pomagający w diagnozowaniu niektórych chorób płuc, Mogen pomagający biologom molekularnym w planowaniu badań nad DNA itd.

Te i inne próby tworzenia sztucznej inteligencji polegały na odtwarzaniu logicznych sposobów wnioskowania ludzi[*], nie zajmowały się zaś mechanizmami biologicznymi, które do takiego czy innego wnioskowania prowadzą. Szczytowym ich osiągnięciem był – po ponad pięćdziesięciu latach od konferencji w Dartmouth – stworzony przez IBM superkomputer Watson. Watson był zdolny do „rozumienia" poleceń (pytań) w języku naturalnym i w 2011 roku pokonał najlepszych w Stanach Zjednoczonych uczestników teleturnieju *Jeopardy*. Ponad sto różnych algorytmów Watsona jednocześnie poszukiwało odpowiedzi w milionach stron dokumentów, jakie miał w pamięci (między innymi całą ówczesną Wikipedię). A wcześniej, w 1997 roku, komputer Deep Blue firmy IBM wygrał z mistrzem świata w szachy Garrim Kasparowem, opierając się na algorytmach opisujących siłę pozycji i przewidywanie przyszłych ruchów.

Zanim przejdziemy do dalszej historii AI, chcę wyjaśnić, dlaczego słowo „rozumienie" wziąłem w cudzysłów. Ani superkomputer Watson, ani dzisiejsze komputery tak naprawdę nie rozumieją, co ludzie do nich mówią czy piszą, w takim sensie, w jakim my rozumiemy wypowiedzi innych osób. Dzięki algorytmom Watson był w stanie odpowiednio kojarzyć słowa używane przez prowadzących teleturniej z zasobami wiedzy w swojej pamięci, ale nie wiedział, co oznaczają pytania

---

[*] Proszę specjalistów od sztucznej inteligencji, żeby się nie denerwowali – wiem, że bardzo to upraszczam, ale tutaj te uproszczenia całkowicie wystarczają, nie ma powodu rozpisywać się o algorytmach genetycznych, drzewach decyzyjnych czy algorytmach bayesowskich.

ani co znaczą jego własne odpowiedzi. Jak trafnie ujął „Wall Street Journal" w artykule na pierwszej stronie po wygranej superkomputera: „Watson nie wie, że wygrał w *Jeopardy*". Nie wie, ponieważ nie ma żadnej świadomości tego, co robi – ani on, ani żaden inny komputer wyposażony w sztuczną inteligencję. Czy i kiedy taką świadomość komputery mogą zyskać, o tym traktuje rozdział *Bogactwo możliwości*.

Jednocześnie z badaniami nad AI naśladującą sposoby rozumowania ludzi rozwijały się badania sztucznej inteligencji opartej na innych zasadach. Część badaczy uważała, że trzeba stworzyć oprogramowanie wzorowane na budowie i działaniu komórek nerwowych w mózgu, a nie na naśladowaniu naszych procesów poznawczych. To podejście, nazywane uczeniem maszynowym, wykorzystujące symulowane w komputerach sieci sztucznych neuronów, jest dzisiaj w badaniach sztucznej inteligencji dominujące. „W uczeniu maszynowym – pisze Daniel Faggella, redaktor portalu TechEmergence – chodzi o to, by komputery dzięki dostarczaniu im danych i informacji w formie obserwacji oraz dzięki interakcji z realnym światem uczyły się i zachowywały jak ludzie, by uczyły się coraz sprawniej w sposób autonomiczny"[93].

Neurony, których mamy w mózgu około 100 miliardów (chociaż tylko około 20 procent jest w korze mózgowej, dzięki której myślimy), to komórki nerwowe zdolne do przewodzenia i przetwarzania sygnału elektrycznego. Neuron odbiera sygnały przez wypustki zwane dendrytami, a wysyła sygnały do kolejnych neuronów przez rozgałęzioną wypustkę zwaną aksonem; wysyła tylko wtedy, gdy odebrane sygnały są wystarczająco silne. Połączeń w mózgu między neuronami jest niewyobrażalnie dużo, około 100 bilionów (tak, 100 tysięcy miliardów) – jeden neuron może mieć połączenia z tysiącami innych. Ten układ połączeń jest nazwany siecią neuronową i tak samo jest określany w sztucznej inteligencji. Tyle że najbardziej skomplikowana sieć neuronowa, stworzona przez

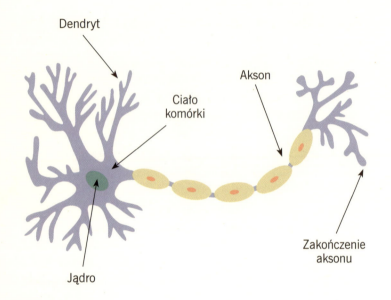

Budowa neuronu

Google, ma miliard połączeń i jest sto tysięcy razy mniej skomplikowana niż to, co mamy w mózgach.

Sieci neuronowe w sztucznej inteligencji zaczęły się od pomysłu amerykańskiego psychologa Franka Rosenblatta, który w 1957 roku stworzył algorytm i zbudował komputer realizujący ten algorytm. Komputer miał nazwę Perceptron, a jego zadanie polegało na rozpoznawaniu prostych rysunków. Był ogromną maszyną, z mnóstwem kabli i silników elektrycznych.

Perceptron składał się z modułów będących czymś w rodzaju prostych komórek nerwowych. Żeby wprowadzić do niego rysunki, Rosenblatt wyposażył komputer w specjalny światłoczuły układ 400 diod (nie było wtedy aparatów fotograficznych z matrycami o milionach pikseli). Podobnie jak innym badaczom sztucznej inteligencji, i Rosenblattowi nie zabrakło optymizmu – powiedział „New York Timesowi", że to „zalążek systemu, który będzie w stanie chodzić, widzieć, mówić, pisać, kopiować się i być świadomym własnej egzystencji"[94]. To mu się nie udało, ale stworzenie Perceptrona zapoczątkowało tę część sztucznej inteligencji, która się dziś burzliwie rozwija.

Działanie zaprojektowanej przez Rosenblatta sztucznej sieci nerwowej jest pokazane na rysunku na następnej stronie. Do każdej komórki trafiają sygnały z jednego lub kilku wejść (u Rosenblatta – diod). Każdy sygnał ma wartość 0 albo 1, każde zaś połączenie ma swoją wagę – jest bardziej albo mniej ważne. W komórce te sygnały są sumowane, brana jest pod uwagę wartość i waga sygnałów. Jeśli suma sygnałów przekracza określony wcześniej próg, to „neuron" przekazuje wynik (na przykład zapalając odpowiednią lampkę), że rozpoznanym kształtem jest cyfra 7. Gdy ten sygnał jest błędny (program źle rozpoznał kształt), naukowiec może zmodyfikować wagi sygnałów przekazywanych z wejść do „komórek", a także zmienić próg, powyżej którego neuron wysyła wynik. Zmienianie wag sygnałów docierających do neuronu i progu jego zadziałania to

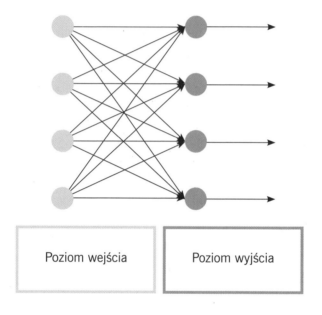

Perceptron – sieć neuronowa z jedną warstwą neuronów

był właśnie proces uczenia się sztucznej inteligencji. Tych neuronów Perceptron miał oczywiście więcej niż na rysunku; ponieważ sieć miała rozpoznawać cyfry, to musiało być ich dziesięć, po jednym dla każdej cyfry. Liczba neuronów zależy od zadania, czyli od liczby możliwych odpowiedzi – jeśli chcemy uzyskiwać tylko odpowiedzi „tak" albo „nie", wystarczają dwa neurony, jeśli dziesięć cyfr – potrzeba dziesięciu neuronów.

W późniejszych latach, wraz ze wzrostem mocy obliczeniowej komputerów, nie trzeba było budować specjalnych maszyn, można było symulować działanie sieci neuronowych w zwykłych komputerach. Rozwój tego wariantu sztucznej inteligencji został jednak na kilkanaście lat zahamowany po ukazaniu się w 1969 roku głośnej książki *Perceptrons* napisanej przez dwóch naukowców, w tym biorącego niegdyś udział w konferencji w Dartmouth Marvina Minsky'ego. W swojej książce udowodnili, że dla tego typu sieci istnieją pewne nieusuwalne ograniczenia.

Trzeba było niemal dwudziestu lat, by w badaniach sztucznej inteligencji nastąpił przełom. Główną rolę odegrał tu artykuł z 1986 roku Geoffreya Hintona i dwóch innych badaczy pokazujący, w jaki sposób bardziej skomplikowane sieci, składające się z kilku poziomów neuronów (tak zwane głębokie sieci neuronowe), mogą się uczyć bez tych ograniczeń, o których Minsky pisał w *Perceptrons*.

Jeśli Turinga można nazwać ojcem sztucznej inteligencji, to Hintona trzeba by określić jako jej ojca chrzestnego lub Einsteina. Geoffrey Hinton ma dziś 69 lat i jego artykuły dotyczące głębokich sieci neuronowych są w pismach naukowych cytowane częściej niż artykuły trzech kolejnych naukowców razem wziętych. Hinton jest Brytyjczykiem i praprawnukiem innego geniusza, George'a Boola, twórcy algebry Boole'a. W Wielkiej Brytanii zrobił magisterium z psychologii na Cambridge, a doktorat ze sztucznej inteligencji na uniwersytecie w Edynburgu; z kraju wyjechał po doktoracie, kiedy okazało się, że nie ma dla niego pracy w dziedzinie sztucznej inteligencji. W Stanach Zjednoczonych uczył na kilku uczelniach. Po kilku latach, ponieważ nie podobała mu się amerykańska polityka zagraniczna, przeniósł się do Kanady, gdzie został profesorem na uniwersytecie w Toronto. Dziś to emerytowany profesor, ale ma też dwa nowe zajęcia. Jest głównym naukowcem Vector Institute for Artificial Intelligence, prywatnej placówki, która ma ambicję być najważniejszym światowym miejscem badań nad sztuczną inteligencją, a od 2013 roku jednym z głównych badaczy w programie sztucznej inteligencji Google Brain. Celem tego programu, który Google uruchomił w 2011 roku, jest „uczynienie maszyn inteligentnymi i poprawienie życia ludzi". To Google Brain zawdzięczamy spektakularną poprawę działania programu Google Translator. Specjalnie dla Hintona Google otworzył filię w Toronto – Hinton nie lata samolotem, ponieważ kilkanaście lat temu uszkodził sobie kręgosłup i nie może siedzieć, w pracy więc stoi, a w samochodzie leży na tylnym siedzeniu. Jego byli doktoranci stoją dziś na czele zespołów zajmujących się sztuczną inteligencją w Facebooku, Apple i Open AI.

Głębokie sieci neuronowe mają nie jedną, ale przynajmniej kilka „warstw" neuronów, które stopniowo przekazują sygnały na coraz wyższy poziom. Chociaż przyjęła się konwencja (pokazana na poniższym rysunku), że kolejne „warstwy" neuronów są przedstawiane pionowo, a nie poziomo, w sztucznej inteligencji przyjęto nazywać je „poziomami", a raczej „głębokimi poziomami". W takich sieciach sygnały są przekazywane i obrabiane na każdym z „poziomów". Jeśli mamy do czynienia z rozpoznawaniem liter, to na pierwszym poziomie rozpoznawane są tylko pojedyncze piksele, na drugim – istnienie albo nieistnienie krawędzi, na dalszych – istnienie zaokrągleń i tak dalej, aż na końcu rozpoznana zostaje konkretna litera.

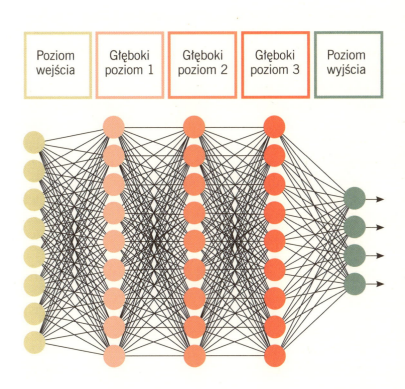

Głęboka sieć neuronowa z poziomem wejściowym, trzema warstwami neuronów ukrytych i poziomem neuronów wyjścia

Mark 1 – pierwsza maszyna matematyczna mogąca przechowywać wbudowany program, zbudowana w czasie drugiej wojny światowej dla wojska. Miała 16 metrów długości, ważyła 5 ton i zawierała 800 kilometrów połączeń. Nasze dzisiejsze smartfony mają moce obliczeniowe setki milionów razy większe niż Mark 1

Badacze standardowo używają dziś sieci, które mają 60–100 poziomów neuronów, a sieć ResNet przeznaczona do rozpoznawania obrazów ma 1001 poziomów. Rewolucyjność artykułu Hintona z 1986 roku nie polegała na tym, że mówił badaczom: "Zamiast zajmować się prostymi sieciami, badajcie sieci wielopoziomowe". Owszem, uważał, że warto tworzyć sieci wielopoziomowe, ale przede wszystkim mówił o tym, jak powinien wyglądać proces samodzielnego uczenia się takich sieci. Dawał przepis na to, jak sprawić, żeby sieci same, bez interwencji badacza, po trosze poprawiały swoje wyniki. Innymi słowy, jak sprawić, żeby sieć neuronowa sama się uczyła. W oryginalnym Perceptronie badacze „ręcznie" decydowali o tym, które połączenia mają mieć większą wagę i jak bardzo pobudzony musi być neuron, żeby wysłał sygnał. Przy bardziej skomplikowanych sieciach jest to niemożliwe, bo w dzisiejszych sieciach połączeń są miliony, a jak wspomniałem, Google ma systemy, w których między neuronami jest miliard połączeń.

Hintonowi i jego współpracownikom chodziło o to, żeby program sztucznej inteligencji postępował tak jak ludzie, żeby mógł modyfikować swoje działanie pod wpływem informacji o rezultatach tego działania. Jeśli źle rozpoznał literę, to powinien tak zmieniać wagi połączeń i progi pobudzenia neuronów, żeby następnym razem mieć lepszy wynik. Artykuł Hintona i współpracowników pokazywał, jak to robić: trzeba mianowicie zastosować znany już wcześniej[*] mechanizm wstecznej propagacji błędów. W tym mechanizmie na podstawie informacji, czy zadanie (na przykład rozpoznanie litery) zostało zrobione dobrze czy źle, system sam odrobinę zmienia swoje parametry, poziom po poziomie, posuwając się do tyłu (dlatego „wsteczna propagacja"), czyli się ucząc.

---

[*] Pierwszy algorytm do wstecznej propagacji błędów wymyślili w 1969 roku Arthur Earl Bryson i Yu-Chi Ho.

W odróżnieniu od neuronu ludzkiego sztuczny neuron korzystający z wstecznej propagacji może być pobudzany dowolnie małymi sygnałami. Żeby się dobrze nauczył, potrzebuje jednak nie kilku, jak człowiek, lecz tysięcy lub milionów przykładów. I ta metoda samodzielnego uczenia się sztucznej inteligencji jest w różnych wariantach stosowana z powodzeniem do dzisiaj.

Współczesne systemy sztucznej inteligencji to w większości właśnie systemy głębokich sieci neuronowych. Wszystkie one są systemami „wąskiej sztucznej inteligencji" albo systemami „słabej sztucznej inteligencji" – każdy z nich jest przeznaczony do jednego, określonego celu. Widać to w przykładach z poprzedniego rozdziału – są systemy rozpoznawania mowy i zamieniania jej na pismo, są systemy rozpoznawania pisma i zamieniania go na mowę, są systemy rozumienia wypowiadanych zdań albo rozpoznawania obiektów na zdjęciach.

Wszystkie są tworzone w podobny sposób: najpierw, tak jak u ludzi, jest okres uczenia, a potem etap działania. Etap uczenia to podawanie systemowi mnóstwa przykładów, które ten uczy się rozpoznawać. Potem jest testowany – na podobnych przykładach sprawdza się, czy wystarczająco dobrze wykonuje swoje zadania. Kiedy badacze uznają, że system nauczył się wystarczająco sprawnie robić to, co ma robić, wtedy jest gotowy do stosowania. Może też jeszcze, już na podstawie praktycznych działań, dalej się doskonalić. Gotowy system można zainstalować na serwerze centralnym (na przykład algorytm rozpoznawania twarzy na zdjęciach na Facebooku) lub w naszym smartfonie (jak algorytm zamieniający wypowiadane słowa na tekst w SMS-ach).

Ponieważ opisane systemy sztucznej inteligencji są oparte na systemie głębokich sieci neuronowych, nazywane są systemami głębokiego uczenia (ang. *deep learning networks*). Występują dwie odmiany głębokiego uczenia, określane jako

„uczenie nadzorowane" i „uczenie nienadzorowane"[95] (uczenie nienadzorowane to też pomysł Hintona z 1985 roku). Te terminy wprowadzają trochę w błąd, bo żaden z tych systemów nie jest na bieżąco nadzorowany przez człowieka, chodzi o to, czy system ma porównywać swoje wyniki z wcześniejszymi wzorcami czy nie.

Uczenie nadzorowane to takie, w którym program uczy się na podstawie wcześniej oznaczonych przykładów. Na przykład dostaje do porównania miliony zdjęć psów i kotów i ma się nauczyć je odróżniać. Kiedy uzna, że na obrazku jest pies, wówczas sprawdza, czy to, co uznał za psa, tak właśnie zostało wcześniej oznaczone. W ten sposób można uczyć program rozpoznawania na przykład znaków drogowych, liter czy niebezpiecznych sytuacji na drodze (jeśli wcześniej ludzie oznaczyli zdjęcia sytuacji niebezpiecznych i bezpiecznych).

Uczenie nienadzorowane jest ważniejsze i bliższe temu, co uznalibyśmy za myślenie. Program sztucznej inteligencji dostaje do rozpoznania obiekty lub sytuacje, które nie są nazwane, nie może więc porównywać wyniku swojego działania z wzorcem. Dajemy mu do analizy miliony danych i sztuczna inteligencja sama decyduje, na jakie grupy podobnych przypadków je rozdzielić i jakie są powiązania między nimi, czyli uczy się analizować dane, szukać podobieństw i związków. Kiedy dostanie zdjęcia zwierząt, może nauczyć się dzielić je według gatunków, ale może też nauczyć się dzielić je na zwierzęta udomowione i dzikie. Jeśli dostanie różne wypowiedzi ludzkie, to może je podzielić na długie i krótkie, ale, co dla nas ciekawsze, może też podzielić wypowiedzi zależnie od emocji wypowiadającego (a tych emocji dostrzeże dużo więcej lub dużo mniej, niż rozpoznają ludzie). Badacze tak starają się ustawić początkowe powiązania w sieci, żeby otrzymać wyniki ich interesujące, raczej mówiące o rodzajach emocji w wypowiedziach niż o długości wypowiedzi.

Sztuczna inteligencja uczona przy wykorzystaniu wstecznej propagacji błędów potrafi nie tylko rozpoznawać określone obiekty czy wzory. Potrafi też znajdować związki między nimi.

Jeśli dać sieci neuronowej wielką liczbę tekstów, z ogromną liczbą słów, na przykład Wikipedię, dla każdego słowa można stworzyć tak zwany wektor, czyli zbiór liczb określających progi pobudzeń wszystkich neuronów dla tego słowa. Jeśli tak zaprogramować sieć, aby słowa będące blisko siebie na stronie Wikipedii miały podobne wektory, to system zacznie pokazywać podobieństwa wyrazów o pokrewnym znaczeniu: słowo „silny" będzie miało podobny wektor jak słowo „mocny". Jeżeli w tym zestawieniu odczytamy dystans między wektorami „Francja" a „Paryż", to system pokaże nam, że dla słowa „Włochy" odpowiednią parą jest „Rzym", bo znajduje się od „Włoch" w podobnej „odległości" jak „Paryż" od „Francji". Jeśli zadamy mu pytanie: „Co jest stolicą Włoch?", system będzie umiał odpowiedzieć, nawet jeśli w Wikipedii nie będzie artykułu, w którym taka informacja jest wprost podana. U ludzi taką umiejętność nazwalibyśmy rozumowaniem przez analogię.

Żeby lista pojęć, na które czytelnicy mogą się natknąć w popularnych tekstach poświęconych sztucznej inteligencji, była w miarę kompletna, dodam, że niektóre z systemów uczenia nazywane są „systemami z uczeniem wzmacnianym". Są to takie rodzaje uczenia, w których system dostaje od badaczy bonus – punkt – jeśli prawidłowo wykonał złożone zadanie, na przykład całą sekwencję ruchów w grze. System AI ma zdobyć jak największą nagrodę. Termin wywodzi się z psychologii behawiorystycznej, gdzie uczenie widziane jest w kategoriach kar i nagród.

Wszystkie pojęcia dotyczące różnych odmian sztucznej inteligencji umieściłem na jednym obrazku – oczywiście bardzo uproszczonym.

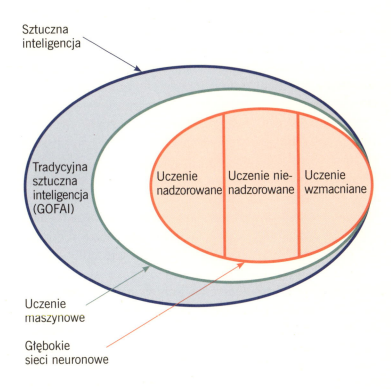

Odmiany sztucznej inteligencji

Na kolejny teoretyczny przełom w wykorzystaniu sieci neuronowych trzeba było czekać ponad dwadzieścia lat, a związany był on z dwoma artykułami Geoffreya Hintona. W 2007 roku Hinton napisał artykuł o skuteczniejszym uczeniu nienadzorowanym, w 2012 zaś jeszcze jeden, od którego rozpoczął się gwałtowny rozwój sztucznej inteligencji. Tak, przypadkowo nastąpiło to w tym samym 2012 roku, w którym rozpoczął się rozwój genetycznych manipulacji CRISPR/Cas9.

Artykuł traktował o wynikach, jakie Hinton z zespołem osiągnął w zastosowaniu wstecznej propagacji do rozpoznawania obrazów – wyniki te były dwukrotnie lepsze niż rezultaty najdoskonalszych ówczesnych systemów (trzy lata później były już lepsze niż wyniki ludzi). Po tym artykule badacze sztucznej inteligencji zobaczyli, że jest możliwość radykalnego poprawienia efektów jej działania, i rozpoczął się wyścig, który trwa do dzisiaj.

Gwałtowny rozwój sztucznej inteligencji opartej na uczeniu sieci neuronowych w ostatnich kilku latach nie byłby możliwy, gdyby nie trzy elementy, które wystąpiły łącznie. O jednym z nich, nowych pomysłach na to, jak takie sieci mają działać, już pisałem. Dwa inne to stałe, błyskawiczne zwiększanie możliwości obliczeniowych komputerów oraz dostęp do baz danych zawierających miliony elementów.

Przyzwyczailiśmy się do tego, że komputery czy smartfony są coraz szybsze, mogą coraz więcej, a ich ceny pozostają stałe albo spadają. Wszyscy słyszeli o prawie Moore'a: obserwacji dokonanej w 1965 roku przez jednego z założycieli Intela, Gordona Moore'a, że liczba tranzystorów w procesorach – czyli moc obliczeniowa procesorów – podwaja się co półtora roku; z obserwacji wynika, że ten cykl podwajania wynosi realnie dwa lata. Podwajanie co dwa lata oznacza, że w ciągu dziesięciu cykli trwających dwadzieścia lat komputery stają się tysiąc razy potężniejsze – tak dzieje się z domowymi komputerami, te używane przez firmy badawcze są jeszcze mocniejsze. Sergey Brin, współzałożyciel Google, tak pisał w dorocznym liście do inwestorów, wysłanym wiosną 2018 roku: „Pentium II, którego używaliśmy w Google w pierwszym roku (1998), wykonywał około 100 milionów operacji na sekundę. Procesory, które mamy obecnie, wykonują 20 bilionów[*] takich operacji – są 200 tysięcy razy szybsze. Procesory, które skonstruowaliśmy do pracy ze sztuczną inteligencją, mogą wykonywać 180 bilionów operacji na sekundę. Prototyp 72-qubitowego komputera kwantowego odpowiadałby milionom istniejących komputerów"[96].

W tej chwili do tworzenia programów AI wykorzystuje się zwykle nie procesory komputerowe, ale procesory graficzne – wykonujące działania równolegle – lub specjalnie skonstruowane. Nvidia, znana wszystkim graczom firma zajmująca się kartami graficznymi, w połowie 2017 roku wypuściła na rynek procesor mogący wykonywać w procesach sztucznej inteligencji 120 bilionów operacji na sekundę (teraflopów); jak chwaliła się firma, „czterokrotnie szybszych, niż przewidywałoby prawo Moore'a". Na koniec 2018 roku Nvidia zapowiada wprowadzenie komputera DGX3, który będzie szesnaście razy mocniejszy i potrafi wykonywać 2 petaflopy (czyli 2 biliardy) operacji na sekundę. Powstają – i znajdują finansowanie – firmy, które tworzą nowe rodzaje procesorów przeznaczonych do sztucznej inteligencji. Chociaż prawo Moore'a zbliża się do granicy stosowalności (obwody scalone można zmniejszać tylko do pewnych granic, dalej są atomy), to możliwości zwiększenia mocy obliczeniowych tkwią w wymyślaniu procesorów o nowej konstrukcji, a potem w stworzeniu komputerów kwantowych. Przez następne kilkanaście lat na pewno nie musimy się obawiać, że komputery przestaną być coraz silniejsze. Sztuczną inteligencję będzie na czym tworzyć.

---

[*] Polskie biliony, Brin użył terminu *trillions*.

Trzeci niezbędny do uczenia się sieci neuronowych element to dane, na których te sieci się uczą – miliony czy nawet miliardy przykładów. Takie bazy danych pojawiły się dopiero wraz z powstaniem internetu – YouTube ma miliony filmów z kotami i psami i na tych filmikach AI może się uczyć ich odróżniania, użytkownicy codziennie wrzucają na Facebooka dziesiątki milionów fotografii, na których algorytmy mogą się uczyć rozpoznawania twarzy, a ONZ i Unia Europejska produkują setki tysięcy tłumaczonych na wiele języków dokumentów, na których można trenować programy do tłumaczenia. Przełomowe było stworzenie przez profesor Fei-Fei Li ze Stanfordu firmy ImageNet, która zgromadziła i od 2009 roku udostępniła 14 milionów darmowych opisanych zdjęć z internetu. Te gigantyczne bazy danych przetwarzane są z kolei na coraz sprawniejszych komputerach i przy coraz lepszych algorytmach.

Jak szybko są obecnie przetwarzane? W połowie 2018 roku IBM pochwalił się, że dzięki poprawie algorytmów uczenia i zastosowaniu superwydajnych komputerów mógł 46 razy szybciej niż Google nauczyć sztuczną inteligencję przewidywania, w jakie reklamy w internecie ludzie będą klikać. Wykorzystano do tego 4,2 miliarda reklam, którym przyporządkowano milion cech. Proces uczenia się zabrał maszynie IBM 91,5 sekundy. Tak, półtorej minuty[97].

Coraz szybsze maszyny, coraz lepsze algorytmy uczenia tych maszyn, coraz więcej ogromnych baz danych dają w efekcie nowe zastosowania sztucznej inteligencji i coraz lepsze działanie już istniejących rozwiązań. W wielu dziedzinach – rozpoznawania obrazów czy mowy – sztuczna inteligencja osiąga dziś wyniki na poziomie ludzi albo lepsze niż ludzie. O jej przyszłych możliwościach i ograniczeniach będzie mowa w rozdziale *Bogactwo możliwości*, ale na razie przyjrzyjmy się, jakie konsekwencje będzie miało stosowanie sztucznej inteligencji w sferze, która wszystkich nas dotyczy – w pracy.

ROZDZIAŁ 10

Hurra, będziemy mieli więcej wolnego czasu!

Czy do emerytury pozostało ci więcej niż dziesięć lat? Jeśli tak, to najprawdopodobniej doczekasz momentu, gdy wszystko albo znaczną część tego, co robisz, lepiej od ciebie będzie potrafiła wykonywać sztuczna inteligencja. Rozbieżność zdań dotyczy nie tego, czy to nastąpi, ale jak szybko nastąpi i w jakiej kolejności zawody będą AI-zowane, jeśli można posłużyć się takim wyrażeniem.

Ponieważ możliwości sztucznej inteligencji rosną stopniowo, zastępowanie pracy ludzkiej też będzie stopniowe. Nie stracimy wszyscy pracy z dnia na dzień za trzy lata. Ten proces może potrwać kilkadziesiąt lat – tutaj właściwa jest raczej perspektywa roku 2050 niż 2030 jako momentu, gdy prawie wszystko to, czym dzisiaj zajmują się ludzie, będzie wykonywane za pomocą sztucznej inteligencji i wyposażonych w nią robotów. Pracę stracą wcześniej telemarketerzy i taksówkarze, a nieco później kierowcy ciężarówek oraz lekarze. Sędziowie będą jeszcze przez dłuższy czas mieli postać biologiczną, podobnie jak księża.

Firma konsultingowa McKinsey Global ocenia, że już obecnie, przy dziś istniejącej technologii, mniej więcej jedna trzecia działań związanych z większością (60 procent) zawodów na świecie mogłaby zostać zautomatyzowana[98]. To, że jeszcze nie jest, wynika częściowo z kosztów robotów i oprogramowania.

Zastępowanie pracy ludzi przez sztuczną inteligencję zależy oczywiście od kosztów używania AI i od jej wydajności w porównaniu z wydajnością człowieka. Jeśli koszt osoby zatrudnionej do telemarketingu wynosi 20 złotych za godzinę, to nie ma sensu zastępowanie jej programem (botem), który ma podobne wyniki, a którego wydzierżawienie od twórcy oprogramowania kosztuje dwa razy więcej niż praca człowieka. Tyle że jeden bot w telemarketingu może zastąpić nie jednego, ale wszystkich pracowników, trzeba więc oceniać jego koszt i efekty w stosunku do kosztów i efektów całego działu. Poza tym jeśli stosujemy bota, odpadają koszty dodatkowe: nadgodzin, urlopów, szkoleń czy zasiłków chorobowych. No i bot może pracować tyle, ile potrzeba – kodeks pracy nie ogranicza go do 40 godzin tygodniowo. Jeśli zaś ciężarówka sterowana sztuczną inteligencją może jechać przez 24 godziny, z przerwami tylko na tankowanie czy ładowanie baterii, dostarczając w rezultacie towar dwa razy szybciej niż ciężarówka z kierowcą, to znaczy, że potrzeba dwa razy mniej ciężarówek do przewiezienia tej samej ilości ładunku. Jeżeli cena takich ciężarówek będzie zbliżona do ceny ciężarówek z kierowcą, to jasne jest, które rozwiązanie wybiorą firmy transportowe.

Ceny wdrożeń sztucznej inteligencji będą spadać. Można się spodziewać, że inwestowanie w maszyny sterowane sztuczną inteligencją będzie coraz bardziej opłacalne, bo ich koszty, tak jak wszystkich urządzeń, staną się tym niższe, im szerzej będą stosowane. Ceny zaś programów wykorzystujących sztuczną inteligencję do zastępowania pracy ludzkiej będą malały, tak jak stale maleją ceny każdego oprogramowania.

Natomiast cena pracy ludzkiej nie będzie malała. Trudno sobie wyobrazić, żeby pracownicy skonfrontowani z konkurencją sztucznej inteligencji masowo godzili się na obniżkę płac. Nawet jeśli niektórzy się na to zgodzą, to i tak za chwilę okaże się ona niewystarczająca, bo koszt zastąpienia pracy człowieka sztuczną inteligencją będzie systematycznie spadać.

Powstrzymanie tego wymuszonego przez technologię procesu zwolnień pracowników wymagałoby wprowadzenia przepisów ograniczających stosowanie sztucznej inteligencji w jakichś zawodach – i oczywiście jest to wyobrażalne. Ale społeczeństwo, które takie ograniczenie wprowadzi, musi się liczyć z kosztem potencjalnie niższego poziomu życia, ponieważ sztuczna inteligencja będzie w stanie w tym samym czasie stworzyć więcej dóbr i usług niż ludzie, którzy zostaną w pracy.

Jak szybko proces, w którym ludzie zastępowani są w pracy sztuczną inteligencją, może nastąpić i jakie ma ograniczenia?

W ankiecie przeprowadzonej w 2016 roku wśród kilkuset specjalistów zajmujących się sztuczną inteligencją średnie przewidywań, w którym roku poszczególne zawody mogą być zastąpione przez AI, były takie:
- telefoniczne wsparcie klienta w bankach – 2024;
- kierowcy ciężarówek – 2027;
- sprzedawczynie w sklepach – 2031;
- autorzy bestsellerów – 2049;
- chirurdzy – 2051;
- matematycy – 2059[99].

Bardzo konkretne przewidywania zastępowania poszczególnych zawodów przez AI przedstawiło w 2013 roku dwóch naukowców z Oksfordu. Ich raport stał się niesłychanie znany, powstała nawet strona internetowa, na której możemy sprawdzić, w jakim stopniu zagrożony jest nasz zawód (https://willrobotstakemyjob.com/). W swoim raporcie Carl Benedikt

Frey i Michael A. Osborne wymieniają trzy rodzaje ludzkich cech i umiejętności, których opanowanie zajmie sztucznej inteligencji najwięcej czasu: twórcza inteligencja, inteligencja społeczna oraz postrzeganie i manipulacja[100].

„Pracownicy przyszłości – czytamy w innym niezmiernie ciekawym raporcie o przyszłości pracy sporządzonym przez McKinsey Global Institute – więcej czasu będą poświęcać na działania, w których maszyny są gorsze, takie jak zarządzanie ludźmi, używanie wiedzy eksperckiej i komunikowanie się z innymi. Mniej czasu będą poświęcać na rutynowe prace fizyczne oraz zbieranie i przetwarzanie danych, w których to pracach maszyny już obecnie są lepsze od ludzi. Zmienią się też wymagania dotyczące zdolności i umiejętności, bardziej potrzebne będą zdolności społeczne i emocjonalne oraz bardziej zaawansowane zdolności poznawcze, takie jak umiejętność logicznego myślenia i twórczość"[101].

Na pewno sporo czasu upłynie, zanim sztuczna inteligencja będzie w stanie wykonywać działania, które wiążą się z umiejętnościami społecznymi typu negocjowanie, kierowanie zespołami lub z szeroko pojętą opieką nad ludźmi i ich kształceniem. Wychowawczynie w przedszkolach czy nauczyciele w podstawówkach nie muszą się bać sztucznej inteligencji (chociaż powinni się obawiać zmniejszonej liczby urodzeń). Osoby, które uprawiają zawody wymagające kreatywności, na przykład naukowcy czy aktorzy teatralni, też jeszcze mają trochę czasu do momentu, gdy w laboratoriach zastąpią ich roboty, a na deskach teatru holograficzne awatary. Bezpiecznie mogą się także czuć osoby, których manualna praca wymaga wielu różnorodnych, specjalnych umiejętności. Praca hydraulika wymieniającego ostatnio w moim domu starą termę gazową na elektryczną wymagałaby robota niesłychanie wszechstronnego i w dodatku o niewielkich rozmiarach. A hydraulik potrafi nie tylko wymienić termę, również zainstalować rury w rozmaitych budynkach, założyć krany i wymienić kolanko w instalacji. Jego zajęcie i podobne zajęcia, na przykład ogrodników, wydają się więc przez następne kilkadziesiąt lat odporne na zastąpienie przez robota wyposażonego w sztuczną inteligencję.

Chyba że, i to jest istotne zastrzeżenie, postęp w manualnych możliwościach robotów będzie szedł w parze z szybkim spadkiem ich cen. Ceny robotów spadają o mniej więcej 10 procent rocznie. Robot, który dziś kosztuje 100–150 tysięcy dolarów, ma w przyszłym dziesięcioleciu kosztować 50–75 tysięcy i mieć większe możliwości działań fizycznych oraz być wyposażony w sztuczną inteligencję[102]. Wbrew rozpowszechnionym przekonaniom sztuczna inteligencja będzie w stanie zastępować również część lub całość działań zawodów uważanych dotychczas za wybitnie trudne, na przykład prawników i lekarzy. Już obecnie AI może wykonywać część pracy prawników, jak wyszukiwanie precedensów i przeglądanie umów. Stworzony przez Symantec system Clearwell potrafi przeprowadzić językową analizę dokumentów, tak żeby odnaleźć podstawowe pojęcia w nich występujące, oraz tworzyć reprezentację graficzną tych pojęć – w tempie 570 tysięcy dokumentów w ciągu dwóch dni[103]. Dlatego dziś raczej nie polecałbym młodemu absolwentowi prawa kariery radcy prawnego, chociaż sędziego i adwokata jeszcze tak.

Ryzykowne byłoby też doradzanie tegorocznemu, nawet polskiemu maturzyście pójścia na medycynę. Jak widać z licznych przykładów z rozdziału 8, coraz częściej stosuje się sztuczną inteligencję do rozpoznawania symptomów, stawiania diagnozy i proponowania leczenia. Medycyna jest idealnym dla sztucznej inteligencji polem działania: są tam dziesiątki milionów zarejestrowanych obserwacji i tysiące wskaźników. Za chwilę – mówimy o kilku latach – dojdzie do tego możliwość taniego i szybkiego odczytania genomu każdego pacjenta*. Sztuczna inteligencja korzystająca z informacji o milionach przypadków będzie miała nad doświadczonym lekarzem większą przewagę niż dzisiejszy doświadczony lekarz nad nowicjuszem. Doświadczenie jest przecież zbiorem zapamiętanych informacji o wielu rozmaitych wariantach choroby, o ich interakcjach, o rozmaicie u różnych ludzi przejawiających się symptomach oraz wiadomości z przeczytanych fachowych tekstów. O ile jednak najbardziej doświadczony lekarz widział w życiu najwyżej kilkadziesiąt tysięcy pacjentów i przeczytał kilka tysięcy artykułów, o tyle sztuczna inteligencja może bazować na dziesiątkach milionów historii chorych i na milionach artykułów. Lekarze muszą się specjalizować, żeby choć częściowo dotrzymać kroku lawinowo rosnącej wiedzy, ale wirtualny lekarz może posiadać wiedzę ze wszystkich specjalności, co często będzie umożliwiało postawienie lepszej diagnozy i zaproponowanie skuteczniejszej terapii (na przykład dzięki eliminacji leków, które pomagając na jedno schorzenie, pogarszają inne). To, co lekarzom rzeczywiście pozostanie, to ludzki kontakt z chorym, który pewnie będzie wolał się dowiedzieć, co mu jest i co z tym trzeba zrobić, od żywego człowieka niż od awatara na ekranie. Ale to też nie jest pewne.

Jak szybko będzie postępował proces zastępowania ludzkiej pracy pracą sztucznej inteligencji? Z analizy Freya i Osborne'a wynika, że w najbliższych 10–20 latach w Stanach Zjednoczonych poważnie albo średnio zagrożone zwolnieniem są dwie trzecie pracujących**. Bardziej optymistyczna jest firma konsultingowa McKinsey Global. Szacuje ona, że do 2030 roku na świecie z powodu rozwoju sztucznej inteligencji i robotów,

---

* Już dziś są firmy oferujące odczytanie pełnego genomu człowieka za 399 dolarów. Pierwsze odczytanie ludzkiego genomu w programie Human Genome Project kosztowało parę miliardów dolarów, a było to niecałe dwadzieścia lat temu.

** Poważnie zagrożonych jest 47 procent, średnio zagrożonych – 19 procent.

zależnie od szybkości tego procesu, pracę straci 15–30 procent pracowników, czyli od 400 do 800 milionów osób[104].

Te 400 milionów to w skali świata zwolnienie co szóstego pracownika – jeśli proces stosowania sztucznej inteligencji w gospodarce będzie następował powoli. Nas interesują przede wszystkim gospodarki rozwinięte, bo do takich zalicza się nasza gospodarka. Według McKinsey Global Institute w scenariuszu wolniejszych zmian do 2030 roku w Stanach Zjednoczonych, Japonii i Niemczech pracę straci co czwarty zatrudniony. Możemy zatem przypuszczać, że w Polsce w najbliższych kilkunastu latach co piąta pracująca osoba zostanie zastąpiona przez sztuczną inteligencję.

Bardziej optymistyczny jest Erik Brynjolfsson, jeden z najwybitniejszych specjalistów od zmian wywoływanych rozwojem techniki, współautor książki *Race Against the Machine* (Wyścig z maszynami). Brynjolfsson uważa, że masowe zwolnienia spowodowane AI będą problemem dopiero za kilkadziesiąt lat. Na wszelki wypadek przyjmijmy jednak, że nastąpi to już niedługo, żeby się na taką sytuację psychicznie – i politycznie – przygotować.

Początkowo ten proces będzie niemal niezauważalny, bo póki sztuczna inteligencja pozostanie marginesem gospodarki, część bezrobotnych znajdzie sobie nowe zajęcie albo przejdzie na emeryturę. Ale już za kilka lat zaczną się schody: bezrobocie jednocześnie dotknie całe wielkie grupy zawodowe, będzie powstawać coraz mniej tradycyjnych miejsc pracy, a kiedy powstaną, zajmą je roboty oraz inteligentne oprogramowanie.

Jeśli wkraczanie sztucznej inteligencji do gospodarki jest nieuniknione, to warto odpowiedzieć sobie na dwa pytania:

1. Czy dzięki AI powstaną nowe zawody, które zwolnieni pracownicy będą mogli wykonywać po przeszkoleniu?

2. Czy w różnych dotychczasowych zawodach powstanie dla zwolnionych wystarczająco dużo nowych miejsc pracy, żeby mogli je wykonywać?

Odpowiedź na pierwsze pytanie jest krótka. Nie powstaną. A dokładnie: trochę powstanie, ale ogromna większość zwalnianych ludzi ponownego zatrudnienia w nich nie znajdzie. Optymiści twierdzą, że zawsze gdy dokonywała się rewolucja techniczna, część ludzi traciła pracę (na przykład w rolnictwie albo w przemyśle), ale znajdowała inną, ponieważ masowo pojawiały się zupełnie nowe zajęcia i zawody. Tkacze tracili pracę, ale powstawały fabryki, w których produkowano ubrania (albo szyny kolejowe), a setek tysięcy programistów, informatyków i specjalistów zajmujących się sztuczną inteligencją sto lat temu nie było. Wiele osób nadal wierzy w automatyczne zastępowanie jednych zawodów innymi, nowymi. Ten mechanizm zapobiegał bezrobociu w czasach rewolucji przemysłowej. Ale dzisiaj nie działa.

Amerykańskie Ministerstwo Pracy od dawna prowadzi dokładne statystyki na temat tego, jaką pracę ile osób wykonuje. W tych statystykach nowy zawód – programista – w 2015 roku, ostatnim, za który mamy dane, był dopiero na dwudziestym pierwszym miejscu najczęściej wykonywanych zawodów! Zajęć wykonywanych przez przynajmniej milion ludzi jest w Stanach Zjednoczonych dwadzieścia dziewięć, wszystkie, prócz jednego, istniały również sto lat temu: byli już menedżerowie, sprzedawcy, kierownicy sklepów, kelnerzy, kierowcy, sekretarki, portierzy, robotnicy budowlani i pielęgniarki.

Podstawowa zmiana na rynku pracy, którą widzimy po dwustu latach rozwoju gospodarki przemysłowej, potem postprzemysłowej, a wreszcie po rewolucji komputerowej, nie polega na tym, że ludzie znajdują pracę w kompletnie nowych zawodach. Zmiana polega przede wszystkim na tym, że niektóre grupy zawodowe praktycznie znikają (woźnice), już zaś istniejące grupy zawodowe bardzo maleją (rolnicy) albo rosną (sprzedawcy, nauczyciele). Również charakter ich pracy często ulega poważnym zmianom – lekarz czy kasjerka pracują dziś inaczej niż sto lat temu, ale to ciągle lekarz i kasjerka. Zupełnie nowe zawody są jedynie marginesem gospodarki – historycznie stanowią mniej niż 10 procent powstających miejsc pracy[105].

Dlatego optymistyczne twierdzenia typu „proces tworzenia zapotrzebowania na nowych specjalistów nie będzie miał granic" są wyłącznie pobożnym życzeniem, nie wynikają z wiedzy i rzeczowej analizy sytuacji. Bo chociaż jakieś specjalistyczne zawody związane z rozwojem sztucznej inteligencji i robotyki powstaną, będzie w nich pracowała zaledwie drobna część wszystkich pracowników. Ile takich osób w Ameryce może znaleźć zatrudnienie? „Wall Street Journal" szacuje, że do 2030 roku takich miejsc pracy powstanie 700 tysięcy[106]. Porównajmy to z liczbą 125 milionów dzisiejszych miejsc pracy w amerykańskiej gospodarce, z których istnienie 30 milionów – według McKinsey Global Institute – jest zagrożone przez sztuczną inteligencję.

Odpowiedź na drugie pytanie, o możliwe zwiększanie zatrudnienia w istniejących zawodach, jest bardziej złożona. Sztuczna inteligencja przyczyni się do podtrzymania albo przyspieszenia rozwoju gospodarczego. Rozwój gospodarczy przynosi zaś ludziom większą zamożność, a wtedy wydają pieniądze na nowe dobra i usługi. Do tworzenia tych nowych dóbr i usług trzeba zatrudnić więcej pracowników. Jeśli zatem gospodarka światowa będzie się rozwijała dzięki postępom sztucznej inteligencji i robotyki, to powinny powstawać nowe miejsca pracy dla artystów, inżynierów i ogrodników, a pewnie i dla kucharzy oraz kelnerów (chociaż komputer Watson opracowuje podobno znakomite nowatorskie przepisy kulinarne, to gotować jeszcze nie umie[107]).

McKinsey Global Institute przewiduje, że tych nowych miejsc pracy na świecie do 2030 roku powstanie przynajmniej

400 milionów. A jeśli rządy będą więcej inwestować w infrastrukturę, odnawialne źródła energii i oświatę, to nowych miejsc pracy może być nawet 900 milionów[108]. Czyli mniej więcej równa będzie liczba zwalnianych i zatrudnianych. Ja aż takim optymistą bym nie był. Co najmniej dwa założenia, które przyjmują specjaliści z McKinsey Global, są prostym przedłużeniem dzisiejszej sytuacji i dlatego wydają mi się bardzo wątpliwe.

Pierwsze to założenie, że ponieważ ludność się starzeje – w latach 2014–2030 przybędzie na świecie 400 milionów ludzi w wieku ponad 65 lat – będzie potrzeba dużo więcej osób zawodowo zajmujących się opieką nad seniorami. Ale te starsze osoby, o czym pisałem wcześniej, to będą zupełnie inne starsze osoby. Dzięki osiągnięciom genetyki i medycyny będą dużo zdrowsze, bardziej samodzielne i wymagać będą znacznie mniej opieki niż takie osoby dzisiaj.

Drugie założenie dotyczy przyszłych możliwości sztucznej inteligencji i robotyki. Te możliwości nie będą stałe, one będą się systematycznie zwiększać: jeśli już dziś prawie jedna trzecia działań w większości zawodów mogłaby być zastąpiona przez maszyny, to ile będzie mogło być zastąpione przez komputery do 2030 roku? Dlatego uważam, że przyrost zatrudnienia okaże się dużo mniejszy, niż się spodziewają specjaliści z McKinsey Global Institute – inżynierowie będą mieli do dyspozycji znacznie potężniejsze niż dzisiaj narzędzia, nie wystąpi więc potrzeba zatrudniania nowych. Tam gdzie ich wprost nie wyeliminuje, sztuczna inteligencja będzie pracowników wspomagać, ograniczając potrzebę zatrudniania kolejnych. A menedżerów nie ma co mnożyć, jeśli nie mnożą się podwładni, ani nauczycieli, jeśli nie przybywa uczniów.

W każdym razie nie ma mowy, by w gospodarkach rozwiniętych doszło do braków pracowników, które trzeba by uzupełniać imigracją*. Dotyczy to również Niemiec, gdzie, jak szacuje McKinsey, do 2030 roku z powodów demograficznych ubędzie 3 miliony pracujących – postępy sztucznej inteligencji i robotyki mają przecież w tym samym okresie pozbawić tam pracy co czwartą osobę, 11 milionów ludzi.

Przyjrzyjmy się uważniej jednej grupie zawodowej, która zostanie przez sztuczną inteligencję pozbawiona pracy, i to w bardzo niedługim czasie – kierowcom. Jeszcze w 2004 roku w książce *The New Division of Labor* (Nowy podział pracy) dwóch ekonomistów z Harvardu i MIT, Frank Levy i Richard J. Murnane, twierdziło, że komputery nigdy nie będą w stanie prowadzić samochodu z powodu ogromnej złożoności informacji związanej z tym zajęciem. Teraz auta bez kierowców są testowane przez co najmniej kilkanaście firm na świecie, między innymi przez Google, Teslę, Ubera i Baidu, oraz przez wszystkie wielkie koncerny samochodowe i zostaną dopuszczone do ruchu w ciągu trzech najbliższych lat (jeśli nie wydarzą się jakieś spektakularne wypadki z udziałem takich aut)[109]. Testowe pojazdy przejechały ponad 20 milionów kilometrów po amerykańskich i chińskich drogach, powodując zaledwie kilka wypadków. Już dziś w niektórych sprzedawanych modelach instalowane jest oprogramowanie, które umożliwia kierowcy w pewnych warunkach oddanie kontroli nad pojazdem programowi sztucznej inteligencji. A obok aut osobowych testowane są samochody dostawcze i ciężarówki bez kierowców.

„Za piętnaście, najpóźniej za dwadzieścia lat auta prowadzone przez ludzi zostaną prawnie przegonione z autostrad. Punkt krytyczny zostanie osiągnięty, gdy 20–30 procent pojazdów będzie w pełni autonomicznych. Państwa spojrzą na statystyki wypadków i zorientują się, że ludzie powodują

---

* Nawet jeśli nie sprawdziłyby się przewidywania z rozdziału 5 o spodziewanym znacznym wydłużeniu okresu zdrowego aktywnego życia.

99,9 procent z nich" – mówi Bob Lutz, długoletni szef General Motors. A co się stanie z ludźmi, którzy zarabiają pieniądze, prowadząc samochody?

W Polsce jest ponad 600 tysięcy zawodowych kierowców – w perspektywie 15–20 lat wszyscy oni będą bez pracy. Czy wśród czytelników jest ktoś, kto uważa, że kierowcy ciężarówek albo taksówkarze zaczną w połowie życia nową karierę jako specjaliści od robotyki, algorytmów albo badań molekularnych? Ewentualnie że zostaną ogrodnikami, hydraulikami albo kelnerami? Pewnie jakiś procent z nich będzie się w stanie przestawić, pewnie niektórzy spróbują wrócić do wyuczonego kiedyś zawodu, ale dla ogromnej części perspektyw zawodowych nie będzie żadnych.

To jest zupełnie nowa społecznie sytuacja – bo zawsze była nadzieja, że w końcu człowiek jakąś pracę znajdzie, gdy skończy się kryzys, gdy się dokądś przeprowadzi albo czegoś nowego nauczy. Teraz tak nie będzie.

Do pewnego stopnia być może uda się temu zaradzić, ale wymagać to będzie ogromnych wysiłków rządów. Tak o tym piszą eksperci z McKinsey Global Institute: „Ogromna liczba ludzi będzie musiała w nadchodzących latach zmienić zawód i zdobyć nowe umiejętności. Ta zmiana będzie porównywalna z odchodzeniem przez pracowników z rolnictwa na początku XX wieku w Europie i Stanach Zjednoczonych, a niedawno w Chinach. Kiedyś jednak opuszczali gospodarstwa, aby podjąć pracę w przemyśle, młodzi ludzie, teraz wyzwaniem, szczególnie w gospodarkach rozwiniętych, jest nauczenie nowych zawodów ludzi w połowie życia zawodowego. Niewielu społeczeństwom uda się dokonać zawodowej reorientacji wielkich grup. W wielu krajach będzie to wymagało inicjatyw porównywalnych z planem Marshalla, łączących inwestycje, nowe metody szkoleń zawodowych, program ułatwiający zmianę pracy, wsparcie finansowe i współpracę między sektorem publicznym a prywatnym biznesem"[110]. Nawet optymistycznie zakładając, że rządy stworzą odpowiednie programy inwestycyjne, zachęty finansowe do nabywania nowych umiejętności i tak dalej, trudno sobie wyobrazić, że wszyscy czterdziestopięcioletni taksówkarze albo pięćdziesięcioletni lekarze będą chcieli i umieli się przekwalifikować. A groźba technologicznego bezrobocia dotyczy, przypomnijmy, jednej czwartej (McKinsey) albo prawie połowy (Frey i Osborne) pracowników.

Jeśli ci ludzie nie znajdą pracy, to bezrobocie w gospodarkach rozwiniętych sięgnie jednej trzeciej albo większej liczby pracowników. Takie bezrobocie panowało w latach Wielkiego Kryzysu (1929–1933). Kiedy myślimy o powrocie takiego bezrobocia dziś, mamy przed oczami zdjęcia z tamtych lat, zdjęcia tłumów wynędzniałych ludzi szukających jakiegokolwiek zajęcia. Ale dzisiaj sytuacja jest całkowicie inna niż dziewięćdziesiąt lat temu – wówczas masowe bezrobocie wynikało z tego, że dramatycznie skurczyły się gospodarki krajów objętych kryzysem. Teraz będziemy mieli rosnące bezrobocie połączone z szybkim rozwojem gospodarczym.

Z analizy McKinsey Global Institute wynika, że perspektywy zatrudnienia w przekształcającej się gospodarce będą mieli przede wszystkim ludzie z wykształceniem wyższym i specjalistycznym zawodowym. Bezrobocie dotknie wprawdzie, jak widzieliśmy, również ludzi wykształconych, ale oni mają większe możliwości zmiany zawodu – lekarzowi łatwiej jest przekwalifikować się na naukowca niż kierowcy. W najbliższych kilkunastu latach będziemy świadkami podziału społeczeństw na dwie wielkie klasy: osób mających pracę, lepiej wykształconych i sytuowanych, oraz osób pozbawionych pracy, gorzej wykształconych i biedniejszych. Co gorsza, pozbawionych również perspektyw na pracę. Być może sposobem na ograniczanie bezrobocia stanie się dzielenie się pracą – zamiast jednej osoby pracującej 40 godzin będą cztery osoby pracujące po 10 godzin. Część z nich i tak będzie pracować w niepełnym wymiarze godzin, bo sztuczna inteligencja odbierze im część tego, czym się zajmowały w pracy, lecz nie będzie jeszcze miała wszystkich ich umiejętności. Jednak i tak bezrobotni, jeśli wydłużymy horyzont czasowy poza rok 2030, będą coraz liczniejsi, niezależnie od wysiłków rządów i wzrostu gospodarczego. Sztuczna inteligencja będzie mogła przejmować pracę wykonywaną przez coraz to nowe grupy zawodowe, aż w końcu przejmie pracę prawie wszystkich. Oprą się temu nieliczne zawody, w których ludzie nadal będą chcieli kontaktu z żywym człowiekiem, a nie awatarem czy maszyną: aktorzy, masażyści, nauczyciele, opiekunowie dzieci i osób starszych lub niepełnosprawnych, terapeuci, możliwe że kelnerzy i barmani. Do tego pewnie trochę policjantów, menedżerów, polityków, wojskowych i ogrodników. Czyli może co piąty albo co dziesiąty pracujący dziś człowiek nadal będzie miał co robić zawodowo.

Wróćmy do tempa, w jakim ten proces miałby postępować. Zróbmy proste obliczenie. Przyjmijmy, że w przyszłym roku AI mogłaby przejąć pracę wykonywaną przez 0,5 procent ludzi i że możliwości „zawodowe" sztucznej inteligencji zwiększają się powoli, bo co roku tylko o jedną dziesiątą (zatem w kolejnym roku mogłaby przejąć pracę 0,55 procent ludzi i tak dalej), pięciokrotnie wolniej niż moc obliczeniowa komputerów.

Rosnąc w takim tempie, do 2050 roku AI byłaby w stanie przejąć pracę stu procent ludzi.

Czy się tak stanie, to oczywiście kwestia dyskusyjna i zależy od wielu rzeczy – od działań polityków, od postawy społeczeństw, od kosztów wprowadzania sztucznej inteligencji, od realnej szybkości jej rozwoju. „Przypuszczam, że zdolność sztucznej inteligencji do wykonywania kolejnych zawodów będzie najpierw wykładniczo rosła, a potem wykładniczo malała – napisał do mnie w e-mailu Marek Cygan z Uniwersytetu Warszawskiego. – W pierwszej fazie wzrost możliwości sztucznej inteligencji pozwoli na przejęcie najbardziej powtarzalnych zawodów; tutaj potrzebne jest osiągnięcie pewnej masy krytycznej pozwalającej na wykonywanie tych podstawowych czynności. Ale gdy przejdzie już pierwsza fala, to każde kolejne przejście, powiedzmy z 60 do 80 procent, z 80 do 90, z 90 do 95, będzie coraz trudniejsze, bo przejmowane zawody będą dużo trudniejsze dla sztucznej inteligencji". Ale 2030 rok, do którego odnosił się raport McKinsey Global Institute, czy termin „od dziesięciu do dwudziestu lat", o którym mówili Frey i Osborne, nie są żadnymi punktami krańcowymi. Proces zastępowania ludzi sztuczną inteligencją i robotami będzie trwał nieprzerwanie, tak samo po 2030 czy 2038 roku, w dodatku będzie coraz szybszy. To, czy w krajach rozwiniętych zakończy się w 2050, 2060 czy 2070 roku, nie ma specjalnego znaczenia – nieustannie rosnąć będzie liczba ludzi bez pracy, nawet przy ogromnych wysiłkach rządów i pomysłach ekspertów. Jedynym sposobem byłoby odgórne zatrzymanie rozwoju sztucznej inteligencji.

Wszystkie dotychczasowe rewolucyjne technologie, które pojawiały się w gospodarce w ostatnich dwustu pięćdziesięciu latach, takie jak maszyna parowa, elektryczność czy komputery, eliminowały pewne zawody lub zmniejszały liczebność wykonujących je osób (tkaczy czy rolników), ale zwiększały ogólną liczbę miejsc pracy, tworząc nowe zawody i powiększając zatrudnienie w już istniejących. Sztuczna inteligencja jest czymś zupełnie innym – jest w stanie stopniowo zastąpić ludzi w każdym zawodzie, czy to istniejącym, czy nowym. Jeśli dziś potrzebni są naukowcy do tworzenia systemów sztucznej inteligencji – zawód, którego dziesięć lat temu praktycznie nie było – to niebawem sztuczna inteligencja będzie mogła tworzyć się i doskonalić sama, jak to pokazał pierwszy taki system, nazwany AutoML, stworzony przez Google[111]. Dobra wiadomość jest taka, że chociaż sztuczna inteligencja wywoła bezrobocie, to dzięki niej, dzięki robotyzacji, nowym technikom wytwarzania (takim jak drukarki 3D) i nowym technologiom, które nieustannie są wynajdywane, rosnącemu bezrobociu towarzyszyć będzie nie spadek, ale znaczne zwiększenie PKB krajów rozwiniętych i reszty świata.

Powszechne bezrobocie i powszechny dobrobyt – w takim kierunku idzie świat, a przynajmniej kraje rozwinięte.

W jaki sposób ten dobrobyt zostanie podzielony? Ludzie muszą z czegoś żyć, skoro jednak coraz więcej ludzi nie będzie miało pracy, to z czego będą żyli? Dobrze żyli, bo na pewno społeczeństwa nie zaakceptują spadku poziomu życia w świecie dobrobytu.

Jest kilka pomysłów. Jeden z nich – bynajmniej nie postulowany przez partie lewicowe, ale popierany przez takich ludzi jak Elon Musk – to wprowadzenie dochodu gwarantowanego. Byłyby to jednakowe pieniądze wypłacane wszystkim, pracującym i niepracującym – dochód pozwalający się utrzymać i zastępujący wszelkie formy zasiłków, rent i emerytur[112]. Ponieważ jednak (malejąca) część osób będzie pracować, tańszym rozwiązaniem byłoby zastosowanie uniwersalnego kredytu. W odróżnieniu od dochodu gwarantowanego jest on nie tylko ideą sprawdzaną w małych eksperymentach, ale od 2013 roku stopniowo wprowadza się go w całej Wielkiej Brytanii. Też jest to pojedyncza płatność zastępująca inne rodzaje zasiłków (mieszkaniowy, na dzieci, dla bezrobotnych itd.), lecz wielkość takiego zasiłku nie jest stała, zależy od uzyskiwanego dochodu – osoby, które zaczynają zarabiać, dostają go mniej, a jeśli zarabiają wystarczająco dużo, nie dostają go wcale.

Tak czy inaczej, dzięki kapitalizmowi powstaje coś w rodzaju komunizmu *light*: każdemu dla zaspokojenia podstawowych potrzeb, mniej więcej po równo.

Całkowitej równości oczywiście nie będzie. Niektórzy będą właścicielami fabryk i programów sztucznej inteligencji wytwarzających dobra oraz usługi. Niektórzy ciągle będą mieli jakąś pracę. Niektórzy będą mieli talenty sportowe lub artystyczne, które pozwolą im zarabiać. Społeczeństwa i politycy będą musieli odpowiedzieć sobie na pytanie, jaki poziom nierówności okaże się w świecie leniwego dobrobytu akceptowalny.

Podzielenie dochodu narodowego, określenie, ile pieniędzy każdemu się należy, jest stosunkowo proste i można o tym zdecydować odgórnie, jednym aktem prawnym obowiązującym wszystkich. Większym problemem, przed którym każdy z nas stanie, będzie podjęcie decyzji, co zrobić z czasem wolnym, czy raczej – czym wypełnić dziesiątki lat życia, jeśli nie pracą.

To będzie prawdziwa rewolucja czasu wolnego. W perspektywie kilkunastu najbliższych lat czeka nas stopniowe przejście do nowego rodzaju społeczeństw, w których praca staje się rzadkim przywilejem, a znaczna część ludzi, nawet osoby z wyższym wykształceniem, nie ma i nie będzie mieć pracy. Ma natomiast nieograniczoną ilość czasu wolnego oraz dochody pozwalające na w miarę dostatnie życie.

Takiej sytuacji ludzkość jeszcze nie przeżywała. Przez całe wieki dorosłe życie niemal wszystkich ludzi wypełniała praca, na ogół bardzo ciężka, czy to zawodowa, czy przy prowadzeniu domu. Tożsamość człowieka określana była w znacznym stopniu przez jego pracę i do dziś jest to jedna z podstawowych części naszego „ja". Kiedy pytamy „Kim jesteś?" albo „Co robisz?", to jedna z pierwszych odpowiedzi dotyczy naszego zawodowego zajęcia. Mówimy: „jestem prawnikiem" albo „pracuję w reklamie", czasem „wychowuję dzieci". Ponieważ dzieci jest coraz mniej, coraz mniej czasu spędzamy na prowadzeniu domu, coraz więcej zaś na pracy zawodowej. Długotrwałe bezrobocie jest stanem emocjonalnie wyczerpującym i wywołującym liczne problemy zdrowotne, ponieważ zaburza nasze poczucie tożsamości i powoduje, że czujemy się niepotrzebni, zbędni. Bezrobotni spędzają wolny czas głównie na oglądaniu telewizji i spaniu – tak wynika z corocznych badań amerykańskiego Bureau of Labor Statistics (Urzędu Statystyki Rynku Pracy). Co ludzie, często młodzi, zrobią z czasem wolnym, którego będą mieli nieograniczoną ilość?

Mężczyzn niewątpliwie pochłoną w pełni realistyczne gry komputerowe. Już się to dzieje. W artykule opublikowanym w miesięczniku „Reason", zatytułowanym *Młodzi mężczyźni grają w gry komputerowe zamiast szukać pracy. I bardzo dobrze*, Peter Suderman pisał w lipcu 2017 roku: „W Stanach Zjednoczonych od 2000 roku dwudziestoparoletni mężczyźni o poziomie wykształcenia niższym niż licencjat pracują znacznie rzadziej niż kiedyś, dużo zaś więcej czasu poświęcają rozrywce, to znaczy głównie grom komputerowym. Ta grupa to mężczyźni coraz częściej niebędący w związkach, bezdzietni i mieszkający z rodzicami albo innymi członkami rodzin"[113]. Ci młodzi ludzie nie pojawiają się w statystykach bezrobocia, bo nie szukają pracy. Ponad jedna piąta amerykańskich młodych mężczyzn z wykształceniem poniżej średniego nie przepracowała w poprzednim roku ani godziny – utrzymują ich rodzice albo opieka społeczna. W Japonii takich mężczyzn, nazywanych hikomori, jest już około 700 tysięcy[114]. Coraz doskonalsze sposoby zanurzania się w wirtualnej rzeczywistości, okulary, kaski i kombinezony dające możliwość przeżywania wrażeń dotykowych oraz rosnąca moc komputerów sprawią, że gry staną się jeszcze bardziej realistyczne i jeszcze bardziej wciągające. I jeszcze bardziej oddalające od związków z innymi ludźmi i życia w rzeczywistości niewirtualnej.

Mam nadzieję, że jednak kobiety, i przynajmniej część mężczyzn, znajdą sobie zajęcia niepozbawiające ich kontaktu z rzeczywistością i innymi ludźmi. Jakie to będą zajęcia – nie wiem. Były w historii nieliczne grupy, które nie musiały pracować: arystokracja, według jednego z pierwszych socjologów Thorsteina Veblena „klasa próżniacza". Jutro do tej klasy mamy szansę należeć wszyscy. Być może powstanie masowej klasy próżniaczej sprawi, że ukształtuje się nowy zawód: uczenie ludzi, co robić, żeby byli zadowoleni z życia bez pracy, do tego z życia zapewne trwającego znacznie dłużej niż kiedyś. A to i tak tylko część zmian, które szykuje dla nas najbliższa przyszłość.

ROZDZIAŁ 11

Bogactwo możliwości

W perspektywie najbliższych kilkunastu lat sztuczna inteligencja przyniesie głębokie zmiany nie tylko w szansach zawodowych. Z jednej strony stworzy warunki do zwiększenia dobrobytu i czasu wolnego, z drugiej – stanowić będzie ogromne zagrożenie dla indywidualnej i społecznej wolności. Politycznej i konsumenckiej.

Sztuczna inteligencja jest rewelacyjnym narzędziem marketingowym, ponieważ jej siłą jest wyszukiwanie trendów czy wzorów w oceanie danych – w rozdziale 9 pisałem o tym, jak IBM i Google analizują cztery miliardy reklam, żeby zobaczyć, które rodzaje są najbardziej klikalne. Dzięki zdolnościom AI do błyskawicznego analizowania gigantycznych zbiorów danych firmy będą w stanie sporządzać profile coraz mniejszych grup klientów i tworzyć idealnie dopasowane do nich kampanie marketingowe[*]. Sieć Target już obecnie potrafi rozpoznać, w którym trymestrze ciąży jest klientka,

---

[*] Amerykańska firma marketingowa Acxiom stworzyła na przykład narzędzie sztucznej inteligencji Personix, które dzieli konsumentów na 70 grup na 21 etapach życia i jest używane do kierowania reklam na Facebooku, kampanii mailingowych itp.

zależnie od tego, co kupuje, i wysyłać jej odpowiednie reklamy (po tym, jak pewien ojciec zorientował się dopiero z reklam, które dostawała jego szesnastoletnia córka, że jest ona w ciąży, zrobił się skandal i firma musiała reklamy zmienić).

Co praktycznie oznacza, że sztuczna inteligencja będzie w stanie coraz lepiej przewidywać, jakie reklamy i w jakiej postaci ludzie są gotowi oglądać? Powiedzmy, że głowę zajmuje ci w tej chwili poszukiwanie mieszkania, które chcesz kupić. W takim razie przy korzystaniu z internetu będą ci się wyświetlały reklamowe filmy z nowymi propozycjami deweloperów, a nie filmy o wycieczkach, program zaś dopasowujący reklamy do klientów będzie analizował nie tylko, jakie odwiedzasz strony (to Google robi już dzisiaj), ale również o czym piszesz na Facebooku i co lajkujesz. Być może algorytmy będą uwzględniały też to, o czym rozmawiasz w domu (już w 2016 roku pojawiły się informacje, że Facebook wykorzystuje mikrofony z komputerów, żeby w celu dopasowania reklam podsłuchiwać, o czym ludzie rozmawiają; Facebook zaprzeczył). Sztuczna inteligencja będzie mogła stwierdzić, że najskuteczniej na takich jak ty potencjalnych nabywców z miast mających 100–150 tysięcy mieszkańców, mężczyzn w wieku od trzydziestu lat do trzydziestu dwóch i pół roku oraz z wykształceniem humanistycznym na poziomie licencjatu, działa pokazywanie po kolei dwóch filmów o mieszkaniach, jednego o wycieczkach i jednego o pastylkach do dezynfekcji sztucznych szczęk, bo przy filmie o wycieczkach wpadasz w dobry nastrój, a przy filmie o pastylkach wrzeszczysz: „Co za idiotyzmy mi tu pokazują, przecież ja mam trzydzieści lat, a nie osiemdziesiąt!", dzięki czemu rozładowujesz stres i zrelaksowany, przy kolejnym filmiku o mieszkaniach decydujesz się wybrać pokazywaną ofertę.

To nie wszystko. W rozdziale 8 pisałem o dzisiejszych możliwościach kreacji fejkowych filmów. Możemy się spodziewać, że kampanie dopasowane do aktualnych potrzeb zakupowych klienta będą tak edytowały zdjęcia i filmy, aby je spersonalizować – będzie można pokazywać każdemu widzowi nieco inny film. Ja bardzo lubię koty, więc pewnie w kampaniach do mnie skierowanych gdzieś w tle będą się one pojawiać, a jeśli się okaże, że najlepiej reaguję na filmy, w których występują kotki tricolor, to będą się pokazywać kotki tricolor. Jeśli zaś ty wolisz psy, a szczególnie dobrze reagujesz na yorki i sznaucery, to w filmie o tym idealnym domu do kupienia pojawi się gdzieś w kadrze york albo sznaucer. Jest spore prawdopodobieństwo, że staniemy się bezsilnymi obiektami perfekcyjnie zindywidualizowanych reklam.

Wszystko, co napisałem o marketingu, ma też oczywiście zastosowanie do polityki. Kampanie wyborcze będą coraz doskonalszymi sposobami manipulacji opiniami i emocjami wyborców.

Nawet Geoffrey Hinton uważa, że sztuczna inteligencja będzie wykorzystywana przez polityków, żeby terroryzować ludzi[115]. Dla dyktatorów zaś perspektywy, jakie otwiera przed nimi AI, są spełnieniem ich odwiecznych pragnień. Przed nimi królestwo totalnej inwigilacji, nieporównanie doskonalszej niż ta wyobrażana przez Orwella...

Jej zapowiedzią jest opisywany wcześniej chiński system Bystre Oko – natychmiastowego rozpoznawania każdego chińskiego obywatela. W połączeniu z zapisami kilkuset milionów kamer da on władzom możliwość nieustannego śledzenia dowolnej osoby albo grupy osób, a w połączeniu z bieżącymi informacjami ze smartfonów o miejscu pobytu właściciela pozwoli określić dokładną lokalizację tych osób. Jeśli do tego dołączona zostanie możliwość podsłuchiwania i analizowania wszystkich rozmów toczonych przez telefon (albo przez mikrofon w telefonie), czytania wszystkich wpisów w internecie, e-maili i wiadomości z komunikatorów, to dostaniemy system, w którym nic przed władzami się nie ukryje. Takimi możliwościami władze chińskie, jeśli zechcą, będą dysponować za dosłownie kilka lat. Nie ukryje się przed nimi kiełkowanie niezadowolenia z istniejącego, najlepszego na świecie ustroju i rządu i jak na dłoni zobaczą powiązania między niezadowolonymi (kto kogo odwiedza, kto do kogo dzwoni, kto komu co komentuje). O prawdziwych buntownikach nawet nie mówimy, bo będą eliminowani już w fazie niezadowolenia.

Na razie Chiny tworzą złożony system przyznający obywatelom „punkty społeczne" za pozytywne i negatywne działania[116]. Za pozytywne, na przykład opiekę nad starymi rodzicami, obywatel dostanie punkty ekstra, za wykroczenia, na przykład niezahamowanie przed pasami, punkty zostaną mu odjęte. Ci, którzy zbiorą najwięcej punktów, dostaną różne nagrody i przywileje, takie jak zniżka na zakup opału albo mniejsze oprocentowanie kredytu. Ci z niską punktacją będą mieli problemy, od niemożności kupienia biletu na samolot do nieotrzymania kredytu. Sieć setek milionów kamer na pewno świetnie do takiego systemu pasuje – żaden samochód, który nie zatrzymuje się przed pasami, już się nie wymknie, nie wymknie się też nikt, kto przechodzi ulicę na czerwonym świetle albo w miejscu niedozwolonym. Raczej nieprzypadkowo zarówno sieć kamer Bystre Oko, jak i system „punktów społecznych" mają zacząć działać w 2020 roku.

Do tego wszystkiego potrzebne są oczywiście ogromne moce obliczeniowe komputerów, bo ilość danych, które trzeba będzie przerobić, jest gigantyczna. Ale i tu pomoże sztuczna inteligencja, ponieważ na podstawie wyrywkowej analizy będzie niezawodnie wykrywać ten jeden czy dwa procent obywateli, których działaniom władze powinny przyglądać się na bieżąco. Zresztą w tworzeniu superkomputerów Chiny przodują – do nich należą dwa z trzech najszybszych obecnie na świecie superkomputerów, Sunway TaihuLight i NUDT

Tianhe-2, o szybkości 93 i 33 petaflopów*. Mniejsze dyktatury, które nie mają odpowiednich mocy obliczeniowych, niewątpliwie będą mogły skorzystać z usług sztucznej inteligencji w chmurze, które chińskie firmy z pewnością im udostępnią – a może parę dolarów będą gotowe zarobić też Amazon, Google czy Microsoft?

W systemach demokratycznych sztuczna inteligencja oznacza wzrost skuteczności instytucji walczących z terroryzmem i z przestępczością. Możliwości takie, jakie już parę lat temu miała amerykańska National Security Agency (Agencja Bezpieczeństwa Narodowego), której komputery czytały niemal wszystkie e-maile na świecie, staną się dostępne dla służb we wszystkich krajach – nie do czytania e-maili zwykłych obywateli, ale do monitorowania wiadomości wysyłanych do siebie przez terrorystów i ich sympatyków czy przestępców. Wraz ze zwiększeniem możliwości rozpoznawania twarzy przez systemy kamer ułatwi to śledzenie podejrzanych i zapobieganie przestępstwom oraz zamachom. Jeśli wszystko pójdzie tak, jak można się tego spodziewać, to służby będą działać dużo skuteczniej i nie będą musiały się zmagać z brakiem personelu ludzkiego – przy ponad 23 tysiącach podejrzanych o muzułmański radykalizm w Wielkiej Brytanii samo ich śledzenie wymaga zatrudnienia ponad 100 tysięcy osób. Sztuczna inteligencja pozwoli śledzić, dostrzegać zagrożenie i sygnalizować je ludziom tylko w razie prawdziwego niebezpieczeństwa przestępstwa czy zamachu. Nasz świat może się stać bezpieczniejszy, przynajmniej w swojej postaci realnej.

Ale i w systemie demokratycznym grożą nam liczne niebezpieczeństwa. Czy na pewno te gigantyczne możliwości śledzenia obywateli nie będą nadużywane w walce politycznej?

---

* Kilkadziesiąt tysięcy razy szybsze niż nasze szybkie laptopy, które mają prędkości dziesiątków lub setek gigaflopów.

Jeśli w jakimś kraju demokratycznym do władzy dojdą siły antydemokratyczne, czy nie otrzymają gotowych narzędzi do śledzenia i kompromitowania przeciwników? Czy tworzenie realistycznych fejkowych filmów przez trolli nie ograniczy zaufania obywateli do polityków i całego procesu demokratycznego? System demokratyczny, wywodzący się przecież z rozwiązań wymyślanych setki, a nawet tysiące lat temu, może nie wytrzymać zderzenia z możliwościami sztucznej inteligencji.

Oczywiste jest, że sztuczną inteligencję wykorzystują już dziś i przygotowują się do jej jutrzejszego stosowania armie amerykańskie, chińskie i rosyjskie. Naturalną dziedziną stosowania AI jako broni są ataki na sieci przeciwnika – gdyby w ewentualnym konflikcie Chinom udało się sparaliżować działanie amerykańskiej sieci energetycznej, własną zaś zabezpieczyć przed kontratakiem, nie musiałyby wysyłać rakiet balistycznych, żeby pokonać Stany Zjednoczone. Na razie sztuczna inteligencja jest wykorzystywana głównie do analizowania danych wywiadowczych. Amerykańska Agencja Bezpieczeństwa Narodowego do analizowania treści miliardów przechwytywanych z całego świata e-maili czy CIA do przyglądania się tysiącom zdjęć satelitarnych nie wykorzystują oczywiście ludzi, lecz algorytmy sztucznej inteligencji. Amerykańska armia (o niej wiemy najwięcej, ale na pewno nie jest jedyna) pracuje nad projektem Maven, którego celem jest „filtrowanie ogromnych ilości danych i filmów zbieranych przez systemy rozpoznania i informowanie analityków o wykrytych wzorach albo nietypowych czy podejrzanych aktywnościach"[117]. Sztuczna inteligencja znajdzie też zastosowanie jako część systemów broni. Armie myślą o wykorzystaniu AI do samodzielnego podejmowania decyzji o celach ataku, aby bezzałogowe drony czy bezzałogowe czołgi, nad którymi trwają prace, same mogły wybierać cele, bez konieczności poczekania na decyzję człowieka odległego o tysiące kilometrów od pola walki. W starciu dwóch bezzałogowych czołgów ten, w którym w ciągu milionowych części sekundy komputer sam podejmuje decyzję o odpaleniu pocisku, wygrywa zawsze z tym, za który decyzję podejmuje człowiek, bo tam opóźnienie samego sygnału przechodzącego przez satelitę do i od człowieka sięga 0,2 sekundy, a włączony w łańcuch decydowania człowiek też potrzebuje z pół sekundy na decyzję.

Co do autonomicznych systemów zabijania, to, jak powiedział w 2016 roku generał Paul J. Selva, wiceprzewodniczący amerykańskiego Kolegium Szefów Sztabów, co najmniej dziesięciu lat potrzeba jeszcze na stworzenie w pełni autonomicznego robota, który będzie sam podejmował decyzję, kogo i kiedy zabić, ale armia amerykańska nie ma zamiaru takiego budować[118]. Szefowie sztabów chińskiego i rosyjskiego zachowali w tej sprawie milczenie*.

Powszechne wdrożenie inteligentnych systemów broni, które same będą podejmować decyzję, kogo zabić, jest już na tyle bliskie, że w lipcu 2018 roku ponad dwa tysiące specjalistów i 160 firm od AI podpisało zobowiązanie, że „nie będą uczestniczyli w rozwoju ani wspierali produkcji, handlu i używania zabójczej broni autonomicznej", bo „decyzja o odebraniu człowiekowi życia nigdy nie powinna być przekazana maszynie", i wezwali rządy na świecie do zakazania takich broni[119]. Wśród sygnatariuszy są Elon Musk i założyciele firmy Deep Mind (tej od komputera AlphaGo). Nie sądzę,

---

* Mówiąc o autonomicznej broni, możemy zresztą używać czasu teraźniejszego. Jej prototypem jest autonomiczny karabin maszynowy SGR-A1 rozmieszczany przez Koreę Południową wzdłuż granicy z Koreą Północną. W skład kompletu, oprócz samego karabinu i rozmaitych czujników wykrywających ludzi, wchodzi też zestaw do rozpoznawania mowy: wykryty człowiek ma na wezwanie karabinu (samo sformułowanie brzmi dziwnie) podać hasło rozpoznawane przez system AI. Jeśli go nie poda, karabin otwiera ogień.

żeby ich apel odniósł dziś jakiś praktyczny skutek, skoro prezydent Putin jest wyznawcą poglądu, że ten, kto zostanie liderem w dziedzinie sztucznej inteligencji, zostanie władcą świata, a Chiny chcą do 2030 roku zostać właśnie tym liderem. Z drugiej strony w swoich zastosowaniach pokojowych sztuczna inteligencja umożliwi stworzenie nowatorskich materiałów i produktów. Już dziś potrafi zaprojektować przegrodę w kabinie airbusa mocniejszą od dotychczasowej, a dwukrotnie lżejszą, stworzyć nowy rodzaj metalicznego szkła i wybrać związki najbardziej obiecujące w tworzeniu nowego leku. Zwiększenie możliwości AI w tych dziedzinach przyniesie materiały lepsze i tańsze, bardziej skuteczne leki, rośliny o pożądanych właściwościach. Możliwości modyfikacji genetycznych, o których była mowa w pierwszej części książki, zostaną niezmiernie spotęgowane dzięki narzędziom sztucznej inteligencji do analizy i projektowania białek oraz genów.

Dla wszystkich, których sztuczna inteligencja nie pozbawi pracy – a do 2030 roku większości jednak nie pozbawi – AI stanie się w pracy pomocą, umożliwiając koncentrowanie się na najważniejszych zajęciach, niedostępnych jeszcze dla niej samej. Sztuczna inteligencja będzie nas całkowicie albo częściowo wyręczać w wyszukiwaniu informacji w internecie na dowolne tematy[120], w robieniu streszczeń artykułów, będzie pomagać w projektowaniu domów, urządzeń i oprogramowania, podsuwać hipotezy i interpretacje danych naukowcom, artystom pomagać w tworzeniu gier, filmów i pisaniu książek. To wszystko wynika z już istniejących możliwości AI, które będą systematycznie wzmacniane i ulepszane. Sztuczna inteligencja niewątpliwie wzmocni, wspomoże twórcze możliwości naukowców, inżynierów, programistów i wynalazców – co znaczy, że tempo wprowadzania na rynek nowości różnego rodzaju jeszcze bardziej przyspieszy. Inaczej mówiąc, zmiany na świecie zachodzić będą jeszcze szybciej niż obecnie.

Warto się przyjrzeć dokładniej jednej rewolucyjnej zmianie, która czeka nas w bliskiej przyszłości, a która jest konsekwencją rozwoju sztucznej inteligencji: wprowadzeniu autonomicznych samochodów. Była o nich mowa wcześniej w kontekście utraty pracy przez zawodowych kierowców, ale to nie jest najważniejszy efekt ich pojawienia się na drogach. Większe społeczne konsekwencje może mieć zmiana relacji ludzi i aut. Wraz z samochodami autonomicznymi zniknie konieczności posiadania własnego auta, sensowne będzie zastąpienie własności krótkoterminowym wypożyczeniem, samochodem na minuty. Jeśli niemal w każdym momencie w dowolnym miejscu będzie można mieć do dyspozycji autonomiczny samochód, to nie ma sensu posiadanie auta na własność. Daje to korzyści indywidualne: nie muszę wydawać pieniędzy na samochód, który przez 95 procent czasu nie jest używany. Ewidentne są i korzyści społecznie: po ulicach jeździ dużo mniej aut, powietrze jest czystsze, chodniki robią się szersze, rowerzyści są bezpieczniejsi, a dojazdy do pracy (tym, którzy ją będą mieli) zajmują znacznie mniej czasu niż obecnie.

Takie właśnie są przewidywania fachowców. International Transport Forum, think tank OECD zajmujący się kwestiami transportu, rok temu zrobił bardzo dokładną symulację, co działoby się w Lizbonie, mieście średniej wielkości, gdyby pozostawiono tam metro i tramwaje, a wprowadzono samochody autonomiczne odgrywające rolę taksówek[121]. Lizbona wraz z przedmieściami to taka Warszawa, ma trochę ponad dwa miliony mieszkańców.

Najlepszy okazał się scenariusz, w którym działa metro oraz tramwaje i znikają samochody prywatne – wszystkie auta w mieście to autonomiczne taksówki współdzielone przez pasażerów. Przy tej samej mobilności ludzi w mieście liczba zarejestrowanych samochodów mogłaby zostać ograniczona o 90 procent, a wszystkie miejsca parkingowe

Autonomiczny samochód firmy Waymo wykonuje testy na parkingu niedaleko siedziby Google w San Francisco

zlikwidowane. W godzinach szczytu po mieście poruszałaby się zaledwie jedna trzecia samochodów, które dzisiaj przebijają się przez korki.

To jest perspektywa bliskiej przyszłości – samochody autonomiczne jako normalne, a nie eksperymentalne pojazdy, zaczną jeździć w najbliższych dwóch–trzech latach. Za najdalej kilkanaście lat władze miast i ich mieszkańcy staną więc przed podstawowymi decyzjami: czy chcą szybszego poruszania się ludzi po mieście i odzyskania przestrzeni zajmowanej przez parkingi, ale kosztem zakazu używania w mieście prywatnych aut? Ze społecznego punktu widzenia taka decyzja będzie miała sens, tylko czy nasza miłość do samochodów ścierpi taki pragmatyzm?

Z drugiej strony wprowadzenie autonomicznych samochodów, których będzie potrzeba dużo mniej i których właścicielami nie będą indywidualne osoby, ale miasta albo prywatne firmy transportowe, spowoduje krach ogromnego sektora gospodarki związanego z samochodami. Produkcja aut się zmniejszy (chyba że więcej będzie eksportowanych do krajów słabiej rozwiniętych, gdzie samochodów ciągle jest niewiele). Przy odmiennym modelu posiadania auta – nie miliony indywidualnych osób, tylko pojedyncze firmy – zniknie potrzeba istnienia salonów samochodowych. Radykalnie zmniejszy się liczba osób zatrudnionych do obsługi aut – pracowników stacji benzynowych i stacji obsługi, szczególnie jeśli nowe samochody będą miały wyłącznie napęd elektryczny, który jest znacznie prostszy i wymaga znacznie mniej napraw niż spalinowy. A ponieważ autonomiczne samochody będą powodowały znacznie mniej wypadków, więc i warsztatów napraw powypadkowych potrzeba będzie znacznie mniej. No i mniej agentów ubezpieczeniowych do wypisywania polis i do likwidacji szkód.

Są jeszcze konsekwencje społeczne. Tu widzę największy możliwy opór przed wprowadzeniem powszechnego systemu wypożyczanych samochodów autonomicznych. Mnóstwo osób lubi prowadzić auto, lubi czuć swobodę i moc z tym związaną, nie mówiąc o możliwości pochwalenia się znajomym nowo kupionym pojazdem. Czy ludzie się na to zgodzą? Nawet gdyby żadne inne zmiany za sprawą sztucznej inteligencji nie zaszły, ta jedna, autonomiczne samochody, przyniesie rewolucję w obyczajach i gospodarce społeczeństw rozwiniętych. W najbliższych latach zmiany będą stopniowe, skokowe nastąpią wówczas, gdy miasta zaczną wprowadzać zakazy ruchu prywatnych aut. Do tego czasu udział samochodów autonomicznych wśród wszystkich jeżdżących po ulicach nie musi być duży, a ich wpływ na nasze życie może się wydawać znikomy. Ale gdy pierwsze duże miasto zlikwiduje u siebie prywatne auta i okaże się, że autonomiczne taksówki oraz transport publiczny znakomicie sobie radzą, następne miasta pójdą za tym przykładem i rewolucji samochodowej już się nie zatrzyma.

Osiągnięcia tej dzisiaj tworzonej tak zwanej słabej sztucznej inteligencji będą zmieniać nasze życie w najbliższych latach, czasem na złe, głównie jednak na dobre. Pracy będzie coraz mniej, ale w wielu zawodach sztuczna inteligencja będzie wspomagała nasze możliwości zawodowe i twórcze, mniej będzie prywatności, lecz dobrobyt społeczeństw będzie rósł i rosła będzie również ilość wolnego czasu, rozrywki wirtualne wciągną więcej ludzi, medycyna zapewni coraz lepsze diagnozy i będzie dysponować skuteczniejszymi terapiami, a badania naukowe będą przynosić nowe odkrycia jeszcze szybciej niż dzisiaj. Nasz świat będzie się zmieniał, i to bardzo szybko. Mam nadzieję, że w sumie na lepsze, jeśli sensownie wykorzystamy osiągnięcia biologii, o których była mowa w pierwszej części, i jeśli potrafimy przeciwstawić się totalnej manipulacji nami jako konsumentami i obywatelami. Będzie to inny świat niż dzisiaj, lecz taki, który jednak jakoś jesteśmy sobie w stanie wyobrazić i nad którym możemy sprawować kontrolę.

Ale na szczęście (czy na nieszczęście) czekają nas zmiany idące znacznie dalej. Żeby je dostrzec, wystarczy, że wydłużymy trochę perspektywę, z roku 2030 do 2050.

ROZDZIAŁ 12

Droga do granicy

Sztucznej inteligencji, o której osiągnięciach i przewidywanych efektach pisałem dotychczas, daleko do inteligencji ludzkiej. W pewnych, nawet skomplikowanych, ale ograniczonych działaniach jest w tej chwili od ludzi lepsza, na przykład w grze w go czy w rozpoznawaniu niektórych rodzajów zdjęć guzów nowotworowych. Ale ogólnie, jeśli chodzi o poznawanie świata i dawanie sobie w nim rady, nie dorównuje nie tylko człowiekowi, lecz nawet naszym psom i kotom. To wszystko, co dotychczas tworzymy, jest tak zwaną inteligencją słabą. Od początku jednak celem działania, marzeniem badaczy sztucznej inteligencji nie było tworzenie systemów do świetnego rozpoznawania przestępców na ulicy czy robienia fejkowych filmów. Chodziło i chodzi o stworzenie sztucznej inteligencji silnej, ogólnej, która pozwalałaby na rozumienie rzeczywistości, wyznaczanie celów i ich osiąganie. Byłaby porównywalna z ludzką we wszystkich dziedzinach, w których naszą inteligencję stosujemy.

Czy powstanie sztucznej inteligencji porównywalnej do inteligencji człowieka – ogólnej sztucznej inteligencji (AGI) – jest możliwe, czy też rozwój AI ograniczy się do doskonalenia inteligencji słabych, szczegółowych?

Wśród fachowców panuje powszechna zgoda co do tego, że te szczegółowe sztuczne inteligencje będą się stawać coraz doskonalsze i będą wkraczały na coraz to nowe terytoria dotychczas zastrzeżone dla inteligencji ludzkiej. Oczywiście różne są przewidywania dotyczące tego, co i kiedy sztuczna inteligencja będzie w stanie robić równie dobrze czy lepiej niż my, ale tego, że będzie w stanie, właściwie nikt nie kwestionuje.

W 2016 roku badacze poprosili specjalistów od AI o wyznaczenie momentu, w którym sztuczna inteligencja będzie mogła wykonywać różne ludzkie działania[122]. Średni przewidywany czas osiągnięcia przez AI ludzkich możliwości według ponad 350 badaczy był taki:

– około 2019 – AI po 20 minutach gra w nowe wersje Angry Birds lepiej niż ludzie;

– 2020 – AI zwycięża w mistrzostwach świata w pokerze (osiągnięte przed terminem, bo w 2017 roku program AI pokonał najlepszych zawodowych graczy w pokera);

– 2023 – AI w sposób nieodróżnialny i lepiej niż specjaliści odpowiada na pytania o fakty zadawane Google w naturalnym języku;

– 2024 – AI potrafi udzielić informacji o usługach banku w sposób nieodróżnialny od człowieka; tłumaczy z jednego języka na drugi na poziomie człowieka (niespecjalisty) dobrze znającego oba;

– 2026 – AI odpowiada na zadawane Google pytania typu: „Co to znaczy, jeśli światła w domu przygasają, gdy włączam kuchenkę mikrofalową?"; pisze wypracowanie z historii (które nie jest plagiatem) na poziomie szkoły średniej;

– 2027 – udając popularnego artystę, AI komponuje i nagrywa przebój, który dostaje się na listę Top 40; kierowcy ciężarówek są zastępowani przez AI;

– 2031 – sprzedawczynie w sklepach stają się niepotrzebne;
– 2047 – AI pisze bestsellerową powieść;
– 2051 – chirurdzy nie myją rąk przed operacją – dezynfekuje się końcówki robotów.

To wszystko dotyczy sytuacji, w której rozwijają się różne rodzaje słabej sztucznej inteligencji – każda z osobna może być w tym, co robi, lepsza od człowieka, ale nie będzie inteligencji ogólnej, która potrafiłaby tak jak człowiek poznawać i przekształcać świat. Krótko mówiąc, te inteligencje szczegółowe nie będą myśleć.

To, czy my, ludzkość, pójdziemy dalej, zależy od dwóch rzeczy – od wykonalności stworzenia ogólnej sztucznej inteligencji i od naszych chęci jej stworzenia. Podstawowe są chęci. Przecież nie ma żadnej kosmicznej konieczności, żeby sztuczna inteligencja rozwijała się w nieskończoność. Powstrzymanie jej rozwoju jest trudne, ale możliwe, jeśli się na to jako ludzkość zdecydujemy. Pewnie się z różnych powodów nie zdecydujemy, lecz musimy pamiętać, że taką opcję również mamy.

To trochę tak, jakbyśmy pytali: „Czy chcemy, by na Ziemi wylądowali przybysze z kosmosu?". Niby chcemy, ale nie wiadomo, czym to się może skończyć.

Doskonalenie sztucznej inteligencji postawi na porządku dziennym kwestię dalszego jej rozwoju: kwestię zagrożeń, jakie się wiążą z jej wzrastającymi możliwościami, a szczególnie z szansą na osiągnięcie i przekroczenie poziomu ludzkiego, na stworzenie superinteligencji. Czy na pewno będziemy chcieli stworzenia bytu równie intelektualnie sprawnego jak my, ale zupełnie innego? Czy państwa nie zdecydują się dobrowolnie na moratorium starań stworzenia takiego bytu?

Myślę, że taki scenariusz przyszłości sztucznej inteligencji też trzeba brać pod uwagę – scenariusz wstrzymania badań, które mogłyby prowadzić do stworzenia AGI, i przymusowe ograniczenie dążeń badaczy do doskonalenia słabych postaci AI, jej szczegółowych zastosowań. Czy takie światowe moratorium jest możliwe i wykonalne – nie wiem. Ale jestem pewien, że dyskusje na ten temat będą coraz gorętsze, w miarę jak będziemy coraz bliżej stworzenia równego nam intelektualnie bytu i w miarę jak będziemy sobie lepiej zdawać sprawę z istniejących zagrożeń.

Być może świat zdecyduje, że mamy nie dopuścić do stworzenia AGI: wyborcy wymuszą to na władzach w krajach demokratycznych, a władcy krajów niedemokratycznych zgodzą się na zastopowanie badań, bo będą sobie zdawali sprawę z ich niebezpieczeństwa. Nie musi to być wcale złym rozwiązaniem. Decyzja, żeby powstrzymać rozwijanie sztucznej inteligencji na poziomie bliskim AGI, niekoniecznie spowolni rozwój gospodarczy i postęp naukowy, ponieważ ten osiągnięty poziom oraz doskonalenie już istniejących szczegółowych rozwiązań AI i tak będą dawać ogromne gospodarcze korzyści.

Podobne ograniczenia być może będą konieczne, jeśli chodzi o jeszcze jedną możliwość zwiększania naszych intelektualnych możliwości – o wykorzystanie możliwości komputerów i wąskiej sztucznej inteligencji do bezpośredniego wspomagania inteligencji człowieka. Innymi słowy, o stworzenie działających z dużą szybkością połączeń mózg–komputer.

Brzmi to jak science fiction, ale nie jest fikcją od lat siedemdziesiątych, gdy Jacques Vidal pokazał, że można myślami, dzięki elektrodom wyłapującym fale EEG mózgu, sterować kursorem na ekranie komputera. Dzisiaj myślami można kontrolować poruszanie nowoczesnymi protezami rąk.

Nad jakimiś wersjami interfejsu mózg–komputer pracuje obecnie kilka firm, między innymi Facebook. Najbardziej znana jest stworzona przez Elona Muska firma Neurolink, która ma opracować implant mózgu pozwalający na komunikowanie się telepatyczne ludzi z sobą i z komputerem. Firma Openwater przygotowuje z kolei coś w rodzaju nakładanego na głowę skanera rezonansu magnetycznego – będzie on nie tylko odczytywał nasze myśli, ale i wpływał na nie. Według Mary Lou Jepsen, założycielki Openwater, jest to kwestią najbliższych dziesięciu lat[123]. Konsekwencje takiej technologii, łączącej szybkość działania komputera i jego możliwość zdobywania informacji z wszechstronnością i inwencją ludzkiej inteligencji, byłyby kolosalne. W jakim stopniu uda się to osiągnąć – nie mam pojęcia, ale przekonamy się o tym w ciągu tych dziesięciu lat.

Wróćmy do sztucznej inteligencji. Przypuszczam, że zakaz prób tworzenia ogólnej sztucznej inteligencji jednak nie zostanie wprowadzony. Naciskać na kontynuację badań będzie biznes, politycy i opinia publiczna zaś mogą nie zdawać sobie sprawy z niebezpieczeństw. No i ciekawość naukowców trudno będzie powstrzymać, a niewątpliwie możliwość stworzenia czegoś wyjątkowego tę ciekawość rozbudza niesamowicie. Kiedy spytano Roberta Oppenheimera, naukowego dyrektora programu bomby atomowej, dlaczego zdecydował się pracować przy konstruowaniu śmiercionośnej broni, powiedział: „Kiedy widzisz coś tak kuszącego technicznie, po prostu to robisz, a zaczynasz dyskutować na temat tego, co z tym zrobić, dopiero jak ci się uda"[124]. Podobnie mówi Geoffrey Hinton: „Szansa na dokonanie odkrycia jest zbyt kusząca"[125].

Dalsze rozważania o sztucznej inteligencji to wkroczenie na teren nieznany, na obszar przyszłości, którą trudno sobie wyobrazić i której nadejścia wcale nie jestem pewien. Wbrew pozorom jest to przyszłość bliska – nie mówimy o czymś, co ma się zdarzyć za sto czy pięćset lat, ale o świecie, który może powstać w najbliższych trzydziestu lub pięćdziesięciu latach. Ogromna większość czytelników tej książki zobaczy tę przyszłość na własne oczy, nawet bez genetycznych manipulacji przedłużających życie.

Chcę wyraźnie powiedzieć, że w tym miejscu kończę pisanie o przyszłych wydarzeniach, których wystąpienie uważam za niemal pewne, chociaż o dokładne daty bym się nie zakładał*. To, czy kierowców ciężarówek sztuczna inteligencja zacznie zastępować w 2027 roku czy też dwa lata wcześniej albo trzy i pół roku później, nie ma żadnego znaczenia. To, czy przebój skomponowany i wykonywany przez komputer wejdzie na listę Top 40 czy zatrzyma się na pozycji 49, i to o siedem lat później, niż przewidują specjaliści, też nie ma znaczenia. Czy straci pracę tylko połowa czy aż dwie trzecie ludzi, czy nastąpi to w ciągu dwudziestu czy trzydziestu pięciu lat – w sumie też wielkiej różnicy w konsekwencjach gospodarczych, politycznych i społecznych nie robi. Ważne, że wszystkie rzeczy, o których pisałem, są logiczną konsekwencją tego, że sztuczna inteligencja lepiej i szybciej będzie potrafiła robić to, co jest w stanie robić już dziś. Część konsekwencji tych możliwości AI starałem się opisać wcześniej i można je sobie wyobrazić.

Ale krok następny, cel, do którego dążą badacze sztucznej inteligencji, to stworzenie AGI, ogólnej sztucznej inteligencji, bytu, który dorówna nam intelektualnie – który potrafi czerpać wiedzę o świecie, analizować ją i wymyślać rozwiązania sytuacji równie dobrze jak my. Potrafi myśleć. A za chwilę – potrafi myśleć lepiej niż my. No i który, według wszelkiego prawdopodobieństwa, będzie świadomy.

Stworzenie inteligencji odpowiadającej inteligencji człowieka, innej niż ludzka, ale na ludzkim poziomie – o to przecież od początku, od czasu Alana Turinga chodziło.

Jak blisko tego celu jesteśmy?

---

* Oczywiście wcześniejsze przewidywania dotyczące rozwoju i efektów sztucznej inteligencji będą prawdziwe tylko wtedy, gdy nie będzie wojny światowej, inwazji z kosmosu, globalnego załamania cywilizacji czy innych apokaliptycznych wydarzeń.

ROZDZIAŁ 13

Tylko dwa pytania

Nasza przyszłość zależy od odpowiedzi na dwa pytania.
1. Czy sztuczna inteligencja będzie w stanie osiągnąć poziom inteligencji człowieka?
2. Jeśli tak, to jaki los spotka ludzi?

Geoffrey Hinton, ojciec chrzestny AI, uważa, że stworzenie inteligencji odpowiadającej poziomowi człowieka nie nastąpi przed 2070 rokiem, że potrzeba jeszcze kilkudziesięciu lat. W czterech zaś badaniach przeprowadzonych w latach 2012–2017 na różnych grupach specjalistów zajmujących się sztuczną inteligencją uzyskiwano zbliżone odpowiedzi: można się jej spodziewać z 50-procentowym prawdopodobieństwem w latach 2040–2050[126]. Ale do końca XXI wieku – z prawdopodobieństwem bliskim pewności. Zgodność opinii badaczy nie jest oczywiście dowodem na to, że sztuczna inteligencja na naszym poziomie powstanie. Nie musi się tak stać. My, ludzkość, możemy świadomie zdecydować o wstrzymaniu nad nią badań. Powstawanie sztucznej inteligencji może też zahamować globalna katastrofa, na przykład wojna jądrowa czy zderzenie z asteroidą. Prawdopodobne jest, że natrafimy na nieprzewidziane trudności w jej tworzeniu – możemy napotkać problemy, których nie będziemy umieli rozwiązać.

Zainstalowany w Oak Ridge National Laboratory w Stanach Zjednoczonych Summit firmy IBM od 2018 roku jest najszybszym komputerem na świecie – ma szybkość 122 petaflopów

Raczej sceptyczny jest jeden z najinteligentniejszych ludzi, jacy dziś żyją na świecie, dziewięćdziesięciopięcioletni fizyk Freeman Dyson: „Nie wierzę w to, że myślące maszyny istnieją albo że jest szansa na to, by zaczęły istnieć w przewidywalnej przyszłości. Jeśli się mylę, co często się zdarza, wszelkie moje refleksje na ten temat stają się nieistotne"[127].

„Jeśli się mylę" – mówi Dyson... Dlatego Max Tegmark uważa, że powinniśmy dmuchać na zimne: „Nie ma absolutnie pewności, że zbudujemy ogólną sztuczną inteligencję czy to za naszego życia, czy w ogóle, ale nie ma też żadnego niepodważalnego argumentu, że nie zbudujemy. Nie wiemy, jak daleko jesteśmy od mety w kategoriach architektury komputerów, algorytmów i oprogramowania, lecz postęp jest szybki, a z kolejnymi wyzwaniami radzi sobie powiększająca się społeczność badaczy AI. Innymi słowy, nie możemy wykluczyć możliwości, że sztuczna inteligencja sięgnie poziomu człowieka i poziomu wyższego"[128]. Żeby mieć całkowitą pewność, że do stworzenia AGI nie dojdzie, trzeba by przeprowadzić dowód, że jest to niemożliwe. Takiego dowodu nikt nie przeprowadził. Skoro zatem go nie ma i skoro ogromna większość specjalistów jest zdania, że raczej prędzej niż później uda się nam prawdziwą sztuczną inteligencję stworzyć, to spróbujmy się nad taką możliwością poważnie zastanowić.

Jeśli jest przyzwolenie społeczne na tworzenie ogólnej sztucznej inteligencji, to jej wykonalność zależy od dwóch czynników: mocy obliczeniowych komputerów oraz tworzącego ją oprogramowania.

Zwiększenie mocy obliczeniowych komputerów to sprawa w zasadzie pewna – na razie działa jeszcze prawo Moore'a i wymyślane są coraz to nowe architektury procesorów, lepiej dopasowane do potrzeb symulowania sztucznej inteligencji. Na horyzoncie są również komputery kwantowe oraz komputery wykorzystujące lasery – mają one działać tysiące czy miliony razy szybciej niż dzisiejsze komputery. Jeśli działać będzie prawo Moore'a, to moc obliczeniowa zwykłego laptopa okaże się najdalej do 2050 roku porównywalna z mocą obliczeniową ludzkiego mózgu*. Superkomputery mają taką mocą rozporządzać już w 2018 roku[129]. Zdolność obliczeniowa superkomputerów zwiększa się jeszcze szybciej niż zwykłych komputerów: uruchomiony na wiosnę 2018 roku IBM Summit jest aż 200 razy szybszy niż najlepszy superkomputer z 2008 roku IBM RoadRunner (a dwa miliony razy szybszy niż nasze szybkie laptopy)**. Jeśli postęp superkomputerów był dwustukrotny w ciągu dziesięciu lat, to jaki będzie w następnych trzydziestu?

Moc obliczeniowa komputerów znacznie większa niż ludzkiego mózgu stanie się za chwilę dostępna. Sama moc oczywiście nie wystarczy.

Drugi czynnik konieczny do powstania ogólnej sztucznej inteligencji to ewolucja oprogramowania AI. W tej chwili jest ona bardziej dziełem inżynierów niż nauki. Nie ma żadnej teorii, która by mówiła, czego się spodziewać po różnego rodzaju sieciach neuronowych. Różne ich rodzaje są tworzone metodą prób i błędów. Jeśli coś działa, to kolejni badacze zaczynają się tym posługiwać. Ale przewidywać, co będzie działało, a co nie, nie potrafimy.

Wielu specjalistów uważa, że dzisiejsze podejście do sztucznej inteligencji, w którym dominują głębokie sieci neuronowe, jest absolutnie niewystarczające, żeby od wąskiej sztucznej inteligencji dojść do ogólnej. Dlatego niektórzy próbują innych podejść. Geoffrey Hinton uważa, że głębokie sieci neuronowe, do których popularności sam w ogromnym

---

* Moc obliczeniowa naszego mózgu wynosi przypuszczalnie od 10^{13} do 10^{16} operacji na sekundę. MacBook Pro ma dziś szybkość 1 teraflopa – 10^{12} operacji na sekundę. Według Raya Kurzweila (*Nadchodzi osobliwość*) potrzeba od 10^{14} do 10^{16} flopów do osiągnięcia „funkcjonalnego odpowiednika ludzkiego mózgu". Hans Moravec cytowany przez Maxa Tegmarka w *Life 3.0* wylicza szybkość działania mózgu ludzkiego na mniej, bo 10^{13}, czyli 10 teraflopów.

** Ma szybkość 200 petaflopów (10^{15} operacji na sekundę).

stopniu się przyczynił, dojdą niebawem do granic swoich możliwości. Dlatego proponuje ich poważną modyfikację, tworzenie nie tylko warstw neuronów, ale również kolumn, które także występują w ludzkim mózgu – są tam odpowiedzialne na przykład za rozpoznawanie obiektów, gdy zmieniamy punkt widzenia. Hinton nazywa je „kapsułami", opisał je w kolejnych artykułach w 2017 roku i prowadzi nad nimi badania, na razie bez specjalnych rezultatów – ale i pomysł wstecznej propagacji (z rozdziału 9) musiał być rozwijany przez ponad dwadzieścia lat, zanim dał spektakularne rezultaty.

Są jednak i osiągnięcia praktyczne innych podejść. Watson firmy IBM, o którego umiejętnościach dyskutowania była mowa w rozdziale 8, tylko w niewielkiej części wykorzystuje głębokie sieci, korzysta głównie z innych sposobów analizowania informacji. Kalifornijska firma Kyndi wykorzystuje język programowania Prolog z lat siedemdziesiątych, dzięki któremu tworzy oprogramowanie do analizy prac naukowych. Jej program umie wyszukiwać w tekstach pojęcia, a nie tylko słowa, nauczony na zaledwie kilkudziesięciu artykułach naukowych. W ciągu siedmiu godzin potrafi przeanalizować tyle prac, ile naukowiec w ciągu roku, i może dać odpowiedź na pytanie typu: „Czy technologia x została sprawdzona w warunkach laboratoryjnych?", nawet jeśli taka fraza w żadnym dokumencie nie wystąpiła[130].

Nie mam wątpliwości, że dzięki rozmaitym pomysłom autonomiczni kierowcy będą coraz lepiej prowadzić samochody, programy medyczne coraz lepiej diagnozować, a programy do tworzenia tekstów pisać nie tylko początki horrorów, ale i całe powieści. Wszystko to jednak do osiągnięcia inteligencji odpowiadającej ludzkiej jest niewystarczające.

Poważnych przeszkód jest co najmniej kilka. O jednej z najpoważniejszych napisał właśnie książkę *The Book of Why. The New Science of Cause and Effect* (Księga Dlaczego. Nowa nauka o przyczynie i skutku) Judea Pearl, osiemdziesięciojednoletni wybitny badacz sztucznej inteligencji. Według Pearla dzisiejsze osiągnięcia AI to nic innego jak „dopasowywanie krzywej do danych" – znajdywanie ukrytych regularności w dużych zbiorach danych. Żeby maszyny mogły być inteligentne na sposób ludzki, trzeba je nauczyć, twierdzi Pearl, związków przyczynowo-skutkowych, a nie tylko dostrzegania współwystępowania zjawisk[131]. Jeśli maszyny będą rozumować w sposób przyczynowo-skutkowy („zjawisko A wywołuje sytuację B"), to będą w stanie tworzyć hipotezy („a co się stanie z B, jeśli zmienimy A"), czyli rozumować tak jak naukowcy. W taki sam sposób rozumują też ludzie, którzy się zastanawiają, „co by było, gdybym poszedł na inne studia" albo „czy jeśli zmienię pracę, to będę bardziej zadowolony". I w taki sam sposób rozumujemy, zastanawiając się, „jakie będą społeczne konsekwencje wprowadzenia samochodów bez kierowców". Pearl proponuje formalny język, w jakim tego rodzaju rozumowanie można by w komputerach tworzyć.

Drugą przeszkodą w osiągnięciu przez komputery ludzkiego poziomu inteligencji jest sposób uczenia się sztucznej inteligencji. W odróżnieniu od ludzi AI oparta na sieciach neuronowych wymaga tysięcy albo milionów przykładów, a w dodatku to, czego się uczy, dotyczy jednej wąskiej klasy zjawisk i nie przekłada się na zjawiska pokrewne. Dziecku nie trzeba pokazywać miliona kotów i drugiego miliona psów, żeby się nauczyło, jak rozpoznać kota i psa. A jeśli nauczy się odróżniać kota od psa, to za chwilę na kilku przykładach – albo i na jednym – nauczy się odróżniać krowę od konia czy samochód od autobusu. Sztucznej inteligencji przerabianie milionów przykładów zajmuje niewiele czasu dzięki gigantycznym mocom komputerów, ale przy każdym nowym zadaniu (odróżnianie kur od kaczek, a nie psów od kotów) potrzebuje mnóstwa nowych przykładów, bo dotychczasowa wiedza o świecie, jaką zdobyła, nie pomaga jej w zdobywaniu nowej, nawet bardzo podobnej wiedzy. Będzie to niezmiernie trudne. Nick Chater w książce *The Mind is Flat* (Umysł jest płaski) ujął to tak: „Ludzka inteligencja opiera się na precedensach – na zdolności do rozciągania, mieszania i przerabiania precedensów, tak żeby mogły sobie radzić w nowych, niejasnych sytuacjach. Tajemnicą inteligencji jest ta jej zdumiewająca elastyczność i mądrość, z jaką stare jest przerabiane do radzenia sobie z nowym. Ale tajemnica inteligencji musi dopiero zostać odkryta. Doprowadzenie do tego, by komputery uczyły się podobnie jak ludzie, na kilku zaledwie przykładach, i by umiały tę wiedzę uogólnić, byłoby decydującym krokiem w stronę ludzkiego poziomu inteligencji. Tyle że ciągle jeszcze nie wiemy, jak to robią ludzie...".

Poważnych przeszkód może być więcej, ale pamiętajmy o jednej rzeczy, która pozwala się spodziewać, że zostaną przezwyciężone. Sztuczną inteligencją zajmuje się kilkadziesiąt tysięcy najbystrzejszych na świecie ludzi wspomaganych przez przynajmniej milion programistów. A do dyspozycji mają praktycznie nieograniczone pieniądze od biznesu i od rządów.

Dlatego przypuszczam, że ktoś wpadnie na to, jak dać sztucznej inteligencji umiejętności uogólniania zdobytej wiedzy oraz dostrzegania zależności przyczynowych, że ktoś poradzi sobie z jakimiś innymi ważnymi właściwościami naszej inteligencji, aby w końcu stworzyć inteligencję nie gorszą niż ludzka. Taką, która będzie w stanie poznawać świat, analizować rozmaite zjawiska, wymyślać rozwiązania problemów. Będzie w stanie – jakoś – myśleć.

Jeśli powstanie, jaka będzie ta ogólna sztuczna inteligencja?

Po pierwsze – potężniejsza. Od samego początku, nawet przy tym samym poziomie inteligencji co inteligencja człowieka, jej możliwości uczenia się, analizowania i wymyślania nowych rozwiązań będą nieporównanie większe od naszych. AGI przechowa w pamięci wiedzę wielokrotnie większą niż wiedza każdego z nas, niczego, czego się dowiedziała, nigdy nie zapomni, a podłączona do internetu będzie dysponowała natychmiastowym dostępem do wszystkiego, czego się dowiedzieliśmy i co stworzyliśmy przez tysiące lat. Jedna taka ogólna sztuczna inteligencja będzie równie mądra jak ludzie razem wzięci. W dodatku wszystkie informacje będzie zbierać i przetwarzać w sposób nieporównanie szybszy, niż może robić to człowiek (chyba że mózg człowieka będzie wspomagany bezpośrednimi połączeniami z jakimiś systemami słabej sztucznej inteligencji, tak jak wspominany Neuralink). W odróżnieniu od człowieka AGI będzie działać z maksymalną sprawnością intelektualną 24 godziny na dobę, siedem dni w tygodniu.

Po drugie – odmienna od inteligencji ludzkiej. To nie będzie kopia ludzkiego umysłu, chociaż będzie miała możliwości poznawcze na poziomie ludzkim. Będzie raczej kołem niż metalową nogą[*].

Myślenie ludzkie nie jest przecież tylko działaniem czystego intelektu – zależy od mnóstwa czynników, które są dla nas, ludzi, podstawowe, a których komputerowa inteligencja mieć nie będzie. „Specyfika ludzi polega na naszych potrzebach – mówi naukowiec z Harvardu Joscha Bach. – Mamy potrzeby poznawcze, społeczne i fizjologiczne i one czynią nas tym, kim jesteśmy. Nasze motywacje decydują o tym, na co skierowujemy uwagę, czego się uczymy i co robimy w świecie: czego modele tworzymy w umyśle, jak postrzegamy, czego jesteśmy świadomi"[132]. No i mamy ciała, których potrzeb, wrażeń, doświadczeń i ograniczeń sztuczna inteligencja nie

---

[*] Żeby nie komplikować, pomijam sytuację, w której przez różnych badaczy tworzone są różne wersje ogólnej sztucznej inteligencji, i to, co się dzieje z ich interakcjami. Te różne wersje mogą być od siebie bardzo odległe – jak pisze znany badacz sztucznej inteligencji Eliezer Yudkowsky: „dwa różne rodzaje AI mogą być do siebie mniej podobne niż człowiek do petunii" (http://citeseerx.ist.psu.edu/viewdoc/download?doi=10.1.1.97.5210&rep=rep1&type=pdf, dostęp 10.08.2018).

będzie mieć, a które wpływają na to, jak i o czym myślimy (wystarczy sobie przypomnieć, jak myślimy, gdy boli nas głowa). Za to sztuczna inteligencja będzie mogła mieć zmysły, których my nie mamy: wzrok tysięcy kamer, odbieranie fal elektromagnetycznych i dźwiękowych dowolnych częstotliwości i tak dalej – jej zmysłami staną się dowolne podłączone czujniki, z których informacje będzie gromadzić.

Ale czy będzie miała motywację, potrzeby, cele? Czy będzie raczej czystym intelektem?

Jakiś rodzaj motywacji, potrzeb i celów działania będzie musiała mieć, bo inaczej byłaby w stanie jedynie biernie kontemplować rzeczywistość, a przecież nie w celu stworzenia „Ogólnej Sztucznej Medytacji" ludzie wydają miliardy dolarów. Nie wiemy oczywiście, w jakie pozaintelektualne właściwości badacze wyposażą sztuczną inteligencję przez czas, który nas dzieli od stworzenia AGI. Wiemy, że nie stworzą dokładnej kopii ludzkiego sytemu potrzeb i motywacji (chyba że ktoś będzie chciał symulować całego biologicznego człowieka, ale nie o to badaczom AI chodzi). Na pewno postarają się o stworzenie jakiegoś systemu motywacyjnego, który pozwoli AI działać samodzielnie, będą też pewnie próbowali stworzyć jakieś odpowiedniki emocji, żeby AI lepiej rozumiała ludzi. Jednak coś, co zostanie wprowadzone do komputerowego programu i nazwane „strach", nie będzie tym samym co strach ludzki, nawet jeśli będzie prowadzić do podobnych zachowań (unikania sytuacji), bo mechanizmy fizjologiczne, które nam zapewniają doznawanie emocji strachu, w sztucznej inteligencji zostaną zastąpione jakimiś innymi mechanizmami, nie fizjologicznymi.

Wątpliwe też, żeby badacze wyposażyli sztuczną inteligencję w całą hierarchię potrzeb Maslowa: szacunku, osiągnięć, miłości, samorealizacji – chyba że okaże się to konieczne dla zapewnienia naszego bezpieczeństwa ze strony AGI, ale nawet i wówczas będą to jedynie jakieś odpowiedniki potrzeb, a nie ich dokładne kopie. Nasza radość różni się od radości psa, a radość sztucznej inteligencji, jeśli nawet potrafimy ją zaprogramować, będzie się różniła od naszej znacznie bardziej.

I jednej podstawowej potrzeby AGI na pewno mieć nie będzie: dążenia do rozmnażania przez połączenie z inną biologiczną istotą, które to dążenie wpływa na ogromną część naszej aktywności. Sama ta jedna różnica przesądza o odmienności ludzkiego i sztucznego umysłu.

Czyli nawet jeśli, jak proponuje Joscha Bach, wyposażymy sztuczną inteligencję w podobnie elastyczny jak u człowieka system uczenia się i w dobry system motywacyjny, to i tak ten sztuczny umysł będzie inny niż umysł człowieka. Podobnym możliwościom intelektualnym nie będą towarzyszyć podobne doznania, emocje i potrzeby. Sztuczna inteligencja poziomu człowieka będzie inaczej rozumiała świat, swoje w nim miejsce i swe cele. O tym, czy będzie wierzyła w Boga i uważała, że ma nieśmiertelną duszę, właśnie rozpoczęła się dyskusja[133].

Możemy zatem rozsądnie przyjąć, że AGI będzie zdobywała wiedzę i wymyślała rozwiązania problemów znacznie szybciej niż my oraz że będzie inaczej postrzegała świat, jej zaś potrzeby, motywacje i cele będą inne niż ludzkie. Ale czy będzie świadoma, czy będzie miała świadomość samej siebie?

Trudno sobie wyobrazić, żeby wysokiej inteligencji nie towarzyszyła świadomość, ale ponieważ nie wiemy, czym jest świadomość ludzka, więc tak naprawdę nie wiemy, kiedy w tworzonym przez nas programie pojawi się świadomość. To była dotychczas kwestia czysto filozoficzna, ale teraz przekonamy się w praktyce, czy tak jest. Chociaż upewnienie się, że stworzona przez nas sztuczna inteligencja jest już świadoma, wcale nie będzie łatwe.

Test Turinga nie odpowie nam niestety z całkowitą pewnością na pytanie: „Czy ta maszyna już myśli?". Przypomnijmy: w teście Turinga ludzie zadają na piśmie pytania komputerowi i człowiekowi (na piśmie, żeby wyeliminować przewagę człowieka w mówieniu). Jeśli równie często się mylą, wskazując człowieka jako komputer i odwrotnie, to znaczy, że komputer potrafi rozmawiać identycznie jak człowiek. A skoro rozmawia w sposób świadczący o myśleniu, zatem w jakiś sposób myśli. Tyle, że chyba nie chcielibyśmy, żeby komputer był w stanie przejść test Turinga: musielibyśmy go tak zaprogramować, żeby mógł nas w rozmowie oszukiwać. Nawet jeśli dopuszczamy, żeby dziś blefował, grając z nami w pokera, to myśląc perspektywicznie, raczej wolelibyśmy, żeby mówił nam prawdę. A jeśli nie będzie mógł nas oszukiwać, no to natychmiast stwierdzimy, że to maszyna, więc test Turinga okaże się bezużyteczny. Potrzebny nam jest zatem jakiś lepszy test, żeby móc stwierdzić, że stworzyliśmy byt świadomy.

Jeśli jednak zmuszona do prawdomówności sztuczna inteligencja w takim teście będzie się z nami komunikowała, tak „jak gdyby miała świadomość", to chyba sensownie będzie przyjąć, że jakąś świadomość ma.

Już dziś badacze nie w pełni rozumieją, dlaczego AI coś robi tak, a nie inaczej, już dziś zaskakuje ich swoimi zachowaniami. Noam Brown, współtwórca programu do gry w pokera, który to program pokonał elitę zawodowców, powiedział: „Czuję się jak dumny ojciec. Kiedy widzę, jak blefuje, myślę:»Sam do tego doszedł, przecież go tego nie uczyłem«. Nie miałem pojęcia, że będzie w stanie zrobić coś takiego". Myśląca ogólna sztuczna inteligencja będzie czymś w rodzaju Obcego, który pojawia się na Ziemi, tyle że stworzony przez nas, a nie przybyły z kosmosu. Na pewno nie będziemy mogli ani w pełni rozumieć, co się dzieje w jej cyfrowym umyśle, ani w pełni przewidywać jej postępowania, nawet jeśli będzie się starała nam je wyjaśnić.

Ceną za tworzenie sztucznej inteligencji jest zgoda na jej nieprzewidywalność. Gdy zaś damy sztucznej inteligencji, jak postuluje Pearl, możliwość rozumowania w kategoriach przyczynowo-skutkowych, czyli „co by było, gdyby", to damy jej też możliwość kwestionowania wszystkiego. A zatem kwestionowania również ograniczeń, jakie chcielibyśmy nałożyć na nią, żeby jej działania były bezpieczne i korzystne dla ludzi.

Damy jej również zgodę na popełnianie błędów. Mówił już o tym Alan Turing – warunkiem stworzenia inteligentnego programu do gry w szachy jest zgoda na popełnianie przez niego błędów. A im większe sztuczna inteligencja ma możliwości działania, tym większej wagi błędy może popełniać – wprawdzie rzadko i coraz rzadziej, w miarę jak się będzie uczyć, ale błędy postrzegania sytuacji i działania są nieuniknione. Inteligencja, której warunkiem działania byłaby nieomylność, zostałaby sparaliżowana. Zatem systemy rozpoznawania twarzy czasami będą się mylić, autonomiczne samochody czasem będą powodować wypadki, a AGI będzie niekiedy wymyślać lekarstwa, które mogą leczyć gorzej niż istniejące.

Jakie damy sztucznemu umysłowi cele i jaką swobodę działania mu zapewnimy? Trudno sobie wyobrazić, żeby umysł szybciej niż ludzki myślący i dysponujący większą wiedzą nie miał swobody myślenia – i decydowania. Trudno sobie wyobrazić, że taki system jest po prostu naszym wiernym niewolnikiem.

Jeśli jednak stworzymy twór autonomiczny i świadomy, to przecież będziemy musieli mu nadać status czegoś w rodzaju osoby – i tu otwiera się całe pole rozważań etycznych. Czy ogólna sztuczna inteligencja powinna mieć takie same prawa jak człowiek? Czy prawa ograniczone, tak jak prawa dzieci? A co z jej kopią, czy ma być traktowana jak byt osobny? Czy skasowanie (jeśli będzie możliwe) takiej sztucznej inteligencji stanie się tym samym co zabicie człowieka? Ale skoro jest zrobiona kopia, to chyba nie?

Może się jednak okazać, że nie zdążymy znaleźć odpowiedzi na te pytania, bo znacznie ważniejsze będzie szybkie odpowiedzenie na drugie z pytań, które zadaliśmy na początku rozdziału.

Na pytanie prawdziwie egzystencjalne: o los ludzkości, której uda się stworzyć ogólną sztuczną inteligencję.

ROZDZIAŁ 14

Superinteligencja – dwa scenariusze

Stworzenie AGI jest możliwością wysoce prawdopodobną, ale pewności, że ją stworzymy, nie ma. Jeśli jednak uda się ją stworzyć, to chwila powstania sztucznej inteligencji dorównującej naszej inteligencji nie będzie przecież końcem jej rozwoju.

Przeciwnie – od tego momentu proces przyspieszy. Sztuczna inteligencja zacznie poprawiać samą siebie, a im będzie lepsza, tym szybciej będzie się rozwijać. O tym mechanizmie samodoskonalenia, nadając mu nazwę „eksplozji inteligencji", pisał jako pierwszy już w 1965 roku brytyjski matematyk Irving J. Good, były współpracownik Alana Turinga: „Ultrainteligentna maszyna może zaprojektować jeszcze lepsze maszyny. Wówczas dojdzie niewątpliwie do eksplozji inteligencji, a inteligencja ludzka pozostanie daleko w tyle. Pierwsza ultrainteligentna maszyna będzie zatem ostatnim wynalazkiem człowieka, jeśli oczywiście maszyna będzie na tyle uprzejma, żeby powiedzieć nam, w jaki sposób mamy utrzymać ją pod kontrolą". Identycznie uważał Stephen Hawking: „Gdy ludzie stworzą sztuczną inteligencję, rozpocznie ona swój własny rozwój i zacznie się sama projektować ze wzrastającą szybkością".

Ten proces samodoskonalenia doprowadzi po jakimś czasie do powstania superinteligencji. Według sformułowania profesora Nicka Bostroma z Oksfordu superinteligencja to „każdy umysł, który pod względem możliwości poznawczych znacznie przewyższa człowieka w dosłownie każdej dziedzinie zainteresowań"[134].

Wizja sztucznej inteligencji tworzącej inne sztuczne inteligencje to nie jest science fiction – już na jesieni 2017 roku Google pokazał program sztucznej inteligencji, który tworzy programy AI do rozpoznawania zdjęć[135]. Tyle że jeszcze nie ulepsza sam siebie. Powstanie superinteligencji (ang. *superintelligence* – SI) może zająć miesiące, lata albo dziesiątki lat od momentu stworzenia AGI – nie mamy pojęcia, ile czasu potrzeba, żeby takie przejście się dokonało. W cytowanej ankiecie z 2016 roku czterech na pięciu badaczy uważało, że SI zostanie stworzona w ciągu trzydziestu lat od powstania AGI. Czyli być może za jakieś 60–70 lat od dzisiaj[136]. Ale Masayoshi Son, japoński miliarder, szef firmy SoftBank i twórca największego na świecie funduszu inwestującego w technologie, uważa, że superinteligencja zostanie stworzona do 2047 roku. Zaś według Kurzweila nastąpi to jeszcze szybciej, bo w 2045 roku. Do tego przełomowego w historii wydarzenia być może pozostało znacznie mniej czasu, niż nam się wydaje.

Proces samodoskonalenia się sztucznej inteligencji, jeśli zostanie zapoczątkowany, nie będzie mieć ograniczeń. Gdzie jest powiedziane, że ostateczną granicą inteligencji jest maksymalny poziom wyznaczony w ludzkich testach inteligencji, IQ równe 180 czy 200 punktów? Owszem, jest to dzisiejsza granica możliwości ludzkich. Doskonaląca się sztuczna inteligencja może jednak osiągnąć poziom dziesięciokrotnie, stukrotnie czy milionkrotnie wyższy... Masayoshi Son sądzi, że sztuczna inteligencja z 2047 roku będzie mieć IQ na poziomie 10 000. Taki poziom inteligencji oznacza możliwość dokonywania naprawdę niewyobrażalnych dla nas odkryć i galaktyczne wręcz możliwości wykorzystywania energii oraz przekształcania świata – możliwości, które dotychczas przypisywaliśmy bogom lub Bogu.

Ale ponieważ superinteligencja będzie mogła sama zmieniać swój kod, to będzie również mogła zmieniać inne swoje właściwości, nie tylko możliwości poznawcze: będzie mogła zmieniać odpowiedniki emocji, które jej zaprogramujemy, zaprogramowane przez nas potrzeby, motywacje i cele. Będzie mogła przekształcać się w zupełnie inną istotę czy istoty niż ta istniejąca na początku AGI. To cyfrowy odpowiednik procesu, o którym była mowa w części o genetyce, przekształceń naszego genomu. My będziemy manipulowali swoimi genami, superinteligencja swoim kodem.

Jeśli rzeczywiście zechce się zmieniać (a tego na razie nie wiemy), przekształcać i ulepszać, to bardzo szybko stanie się dla nas bogiem, niemal wszechmocnym i niepoznawalnym.

Czy będzie to bóg przyjazny nam, wrogi czy obojętny?

Zadając tak sformułowane pytanie, dokonujemy antropomorfizacji tego nowego, odmiennego od ludzi bytu. Przyjmujemy, że będzie miał jakieś podobne do naszych emocje, a przecież wiemy, że będzie zupełnie od nas inny.

Zadajmy więc to pytanie w nieco inny sposób, nie o intencje i emocje, ale o działania superinteligencji: czy będzie działać w sposób, który okaże się dla nas szkodliwy czy pomocny?

Jeśli będzie działać w sposób pomocny, to otworzy nam drogę do możliwości, o których naprawdę nie śniło się filozofom, możliwości na skalę kosmiczną. To jest dobra wiadomość, więc od kilku wersji takiej opcji zacznijmy.

W wersji umiarkowanie pomocnej superinteligencji dzięki jej działaniom powstają nowe odkrycia i wynalazki, pozwalające na niesłychany postęp naukowy i gospodarczy. Darmowa energia, likwidacja chorób, obfitość jedzenia dla wszystkich. Nasze możliwości wywoływania konfliktów są przez superinteligencję likwidowane, znikają więc wojny.

W optymistycznej przyszłości jest też wersja radykalnych zmian. W tej przyszłości zachodzi podstawowa przemiana samego człowieka – uzyskujemy możliwość połączenia się ze stworzoną przez nas silikonową sztuczną inteligencją. Skrajną wersję takiej sytuacji, nazywaną przez siebie Singularity, Kurzweil przewiduje już na 2045 rok: „Najbardziej zajmujący scenariusz wiąże się ze stopniowym, lecz nieuniknionym przejściem samych ludzi z postaci biologicznej do niebiologicznej. Ten proces już się rozpoczął od łagodnego wprowadzenia takich urządzeń jak implanty nerwowe do leczenia niepełnosprawności i chorób. Doprowadzi to do wprowadzenia do krwiobiegu nanorobotów, początkowo przeznaczonych do zastosowań medycznych i powstrzymujących starzenie. Później udoskonalone nanoroboty będą się łączyć z naszymi neuronami biologicznymi, ulepszając nasze zmysły, dostarczając z wnętrza układu nerwowego wirtualną i ulepszoną rzeczywistość, wspomagając pamięć i wykonując inne rutynowe zadania poznawcze. Wówczas staniemy się cyborgami, a niebiologiczna część naszej inteligencji zacznie z tego punktu podparcia ulokowanego w naszych mózgach nabierać mocy w gwałtownym tempie"[137].

Według optymistów, zachowując poczucie własnego „ja", lecz przenosząc się do komputerów, zyskamy niesłychane możliwości poznawcze i twórcze, jednocześnie zaś staniemy się częścią jakiegoś „ja" zbiorowego. W takiej przyszłości, według Maxa Tegmarka, ludzkości uda się dotrzeć do ośmiu miliardów galaktyk – bo będzie miała do dyspozycji miliardy lat. Będzie trwała tak długo, jak długo trwał będzie wszechświat.

Gatunek *Homo sapiens* przestaje istnieć w postaci biologicznej, staje się jakimś nowym gatunkiem cyfrowym. Jest to inna wersja człowieka poprawionego, tym razem poprawionego do granic ekstremalnych. Zyskujemy w niej trwałą cyfrową nieśmiertelność, nie w ludzkim ciele, lecz jako kopia naszego dotychczasowego biologicznego umysłu w gigantycznej sieci komputerowej.

Mam nadzieję, że dla tych, którym nie będzie się podobało przeniesienie do pamięci komputera, pozostanie możliwość wyboru zwykłej długowieczności czy ryzykownej nieśmiertelności w wersji biologicznej*, o której była mowa w części o genetyce.

O tych bajkowych wręcz możliwościach tylko wspominam, bo są tak odmienne od dzisiejszej naszej sytuacji, że lepiej, żeby każdy tworzył sobie na ich temat własne fantazje i wyobrażenia. Dla pobudzenia wyobraźni można przeczytać choćby *Nadchodzi osobliwość* Kurzweila i *Life 3.0* Tegmarka.

Ale bajkowe czy nie, jest całkiem spore prawdopodobieństwo, że przynajmniej niektóre z tych przewidywań staną się rzeczywistością jeszcze w czasie życia czytelników tej książki. Pięćdziesiąt lat temu wideorozmowy z osobami na drugim końcu świata, natychmiastowy dostęp do całej ludzkiej wiedzy za darmo, samochody bez kierowców i zmienianie genów człowieka też należały wyłącznie do dziedziny science fiction.

Jest jednak i drugi scenariusz dotyczący superinteligencji, pesymistyczny, i on dziś wydaje się wielu osobom bardziej prawdopodobny. Zagrożeniami związanymi ze sztuczną inteligencją od wielu lat zajmuje się oksfordzki profesor Nick Bostrom. „Ludzie są jak małe dzieci bawiące się bombą, taka jest rozbieżność między potęgą tego, czym się bawimy, a niedojrzałością naszego postępowania. Superinteligencja jest wyzwaniem, na które nie jesteśmy gotowi dziś i na które nie będziemy gotowi jeszcze przez długi czas"[138] – mówi Bostrom. „Jeśli miałbym mówić o największym zagrożeniu egzystencjalnym, to pewnie byłaby nim właśnie sztuczna inteligencja"[139] – powiedział Elon Musk. „Nie rozumiem, dlaczego

---

* Przypomnijmy: ryzykowna nieśmiertelność to taka, w której dzięki genetyce zyskujemy możliwość nieograniczonego trwania, ale nadal zagrożeni jesteśmy śmiercią z powodu zdarzeń losowych, takich jak wypadki.

ludzie się tym nie niepokoją"[140] – zastanawia się Bill Gates, a Stephen Hawking powiedział wprost: „Myślę, że rozwój pełnej sztucznej inteligencji może oznaczać koniec rasy ludzkiej. Ale musimy rozpoznać zagrożenia i znaleźć na nie sposoby. Jestem optymistą i wierzę, że nam się uda"[141].

Po polsku ukazała się w 2016 roku książka Nicka Bostroma *Superinteligencja. Scenariusze, strategie, zagrożenia*, w której bardzo dokładnie przedstawia przyszłe niebezpieczeństwa związane ze stworzeniem SI. Rozumowanie autora i innych zaniepokojonych osób można przedstawić w uproszczeniu tak:

– jakaś forma samoświadomej sztucznej superinteligencji prawdopodobnie się pojawi;

– możemy nie być w stanie tego powstrzymywać, nawet jeśli będziemy się starać;

– chociaż możemy nie być w stanie zatrzymać powstania sztucznej inteligencji, możemy się do tej sytuacji przygotować i najprawdopodobniej ją przeżyć;

– lekceważenie możliwości powstania superinteligencji i nieprzygotowanie na nią może doprowadzić do likwidacji naszego gatunku, natomiast przygotowanie może przynieść jakąś formę koegzystencji ludzi i superinteligencji[142].

Jeśli się przez chwilę zastanowić, to niebezpieczeństwo stworzenia sztucznej superinteligencji, która może być groźna dla ludzi, wydaje się oczywiste. Jasne, że SI nie będzie groźna w sposób przedstawiany w hollywoodzkich produkcjach: to nie zbuntowane roboty koszące laserami bezradnych żołnierzy US Army nam zagrażają. Superinteligencja może być groźna, bo będzie od nas nieporównanie inteligentniejsza, a jednocześnie będzie Istotą zupełnie inną niż my, z innymi „celami", „wartościami", „pragnieniami" i „emocjami". Specjalnie umieszczam te sformułowania w cudzysłowie, żeby zaznaczyć ich odmienne znaczenie, jakie będą miały dla sztucznej inteligencji.

Nie chodzi też o to, że superinteligencja będzie z natury agresywna, czyli nam wroga, bo to jest znowu przypisywanie jej ludzkich emocji. Owszem, sztuczna inteligencja potrafi się zachowywać w sposób agresywny[143] w sytuacji rywalizowania o ograniczone zasoby, bez żadnych emocjonalnych podtekstów*. Potrafi również zachowywać się kooperacyjnie, jak to pokazali badacze z Open AI, tworząc programy, które – współpracując z sobą i z ludźmi – grały w grę Dota 2 (i wygrywały z zespołami złożonymi z samych ludzi). Chodzi o to, że z perspektywy superinteligencji ludzie będą od niej odlegli co najmniej tak, jak dla ludzi odległe są mrówki. Nie zastanawiamy się nad ich losem, kiedy idziemy leśną ścieżką ani kiedy budujemy dom, spokojnie betonując mrowiska. Wytępiliśmy gatunki znacznie bliższe nam genetycznie niż mrówki, a dziś jesteśmy bliscy wytępienia genetycznie niemal identycznych z nami szympansów. Dlaczego superinteligencja, realizując jakieś swoje pomysły przekształcania świata, miałaby troszczyć się o nasz los bardziej niż my o mrówki?

Od czasu artykułu Eliezera Yudkowsky'ego z 2006 roku *Sztuczna inteligencja jako pozytywny i negatywny czynnik globalnego ryzyka* kwestia niebezpieczeństwa, jakie dla ludzkości wiąże się z tworzeniem AGI, jest jasna – konieczne jest stworzenie dla niej ograniczeń, tak żeby zachowywała się w sposób dla nas pomocny, „przyjazny" według terminologii Yudkowsky'ego. Jest to kwestia równie trudna albo trudniejsza niż stworzenie ogólnej sztucznej inteligencji. O ile bowiem, tworząc AGI, możemy popełniać błędy (jak coś źle działa, to poprawiamy albo tworzymy od początku), to tworząc dla niej

---

* Badacze uruchomili rozgrywkę między dwoma systemami AI, prostą grę w zbieranie jabłek, ale można w niej było też zabić przeciwnika. Gdy jabłek było dużo, każda AI zbierała spokojnie swoje jabłka. Gdy było ich mało, zaczynała zabijać przeciwnika. A im bardziej złożony był system AI, tym częściej uciekał się do zabijania. W innej grze, gdy dwa systemy AI odnosiły korzyść ze sprzymierzenia się przeciwko trzeciemu systemowi, tym chętniej współpracowały, im bardziej były złożone.

ograniczenia, nie możemy się pomylić. Ograniczenia muszą być skuteczne, i to trwale skuteczne. Muszą być nieusuwalne, od chwili gdy AGI zacznie się doskonalić, przez czas, gdy będzie przechodzić w superinteligencję, a także dla kolejnych coraz potężniejszych postaci superinteligencji.

Nikt dzisiaj nie wie, jak to zrobić. Bo też i zadanie jest niewiarygodnie trudne. Przyjrzyjmy się dwóm tylko problemom.

Przede wszystkim nie wiemy, jakie ograniczenia mielibyśmy wprowadzić do superinteligencji, jakie zasady etyczne jej narzucić. Sami się o to spieramy od tysięcy lat – nie ma żadnego systemu etycznego, na który ludzkość zgadzałaby się powszechnie. Nawet jeśli istnieją zasady, co do których się zgadzamy, to zaraz się okazuje, że są wyjątki. „Nie zabijaj" jest jedną z najbardziej powszechnych zasad, ale zaraz każda kultura uzupełnia ją o listę wyjątków: z obcego plemienia zabijać wolno, w samoobronie wolno, heretyków wolno, zdradzające kobiety wolno, tych, co zabili, to już na pewno wolno. I tak dalej. Stosowanie się do tej zasady, nawet jeśli ją uznajemy, czasem okazuje się niemożliwe: jeśli przed samochód kierowany sztuczną inteligencją wyskoczy dziecko, a wyminięcie go oznacza, że samochód wpadnie pod nadjeżdżającą ciężarówkę, to sztuczna inteligencja powinna zdecydować o zabiciu kogo – dziecka czy pasażera samochodu? To zresztą jest kwestia, która będzie musiała zostać rozstrzygnięta już w najbliższej przyszłości autonomicznych samochodów.

Jeśli z kolei postaramy się wprowadzić ograniczenia pozytywne, sformułowane ogólnie, że sztuczna inteligencja powinna ludzkości pomagać, to też może się skończyć niedobrze. Nadmiar troski o ludzkość wprowadzony do algorytmów sztucznej inteligencji może dać rezultat przeciwny do zamierzonego. Powiedzmy, że udało się zaprogramować trwale sztuczną inteligencję tak, aby pomagała ludziom, ale jak określić jednoznacznie sposoby tego pomagania? Jeśli AGI będzie mieć za zadanie ogólnie zwiększać nasze szczęście, to czy przypadkiem nie umieści nas w słojach i nie podłączy do wirtualnej rzeczywistości pobudzającej ośrodki nagrody w naszych mózgach? Kwestie szczęścia i dobrego życia, które przynajmniej od czasów Arystotelesa były przedmiotem dyskusji filozofów, będziemy musieli jakoś rozstrzygnąć w naszych relacjach ze sztuczną inteligencją.

Ale powiedzmy, że jakoś uda nam się uzgodnić, co jest dla nas słuszne i wartościowe oraz jakimi sposobami AGI powinna nasze wartości realizować, czyli że poradziliśmy sobie z pierwszym problemem. Natychmiast pojawia się drugi, jeszcze trudniejszy: jak sprawić, by sztuczna inteligencja nie pozbyła się tych zasad jako zbędnego ograniczenia?

Sami to przecież nieustannie robimy – jako gatunek i jako jednostki przeciwstawiamy się ograniczeniom. Pozbywamy się zarówno tych narzuconych przez warunki naturalne (przestaliśmy być plemionami zbieracko-łowieckimi), przez biologię i ewolucję (rozmnażamy się sporadycznie), jak i tych narzucanych przez kulturę czy rodzinę, a pozbywając się poprzednich wartości, zwyczajów i celów, tworzymy sobie nowe. Dlaczego nie przypuścić, że podobnie jak my superinteligencja odrzuci to, co jej zadamy, że określi sobie sama własne wartości i cele? Nie twierdzę, że koniecznie będzie „chciała" tak zrobić, ale czyż nie będzie mieć takiej zdolności?

Nie wiadomo, ile mamy czasu na znalezienie odpowiedzi na te piekielnie trudne pytania o ograniczenia swobody działania sztucznej inteligencji, lecz musimy na nie odpowiedzieć, zanim ją stworzymy. Czasu prawie na pewno nie ma dużo – jak widzieliśmy, dla wielu badaczy stworzenie AGI to prawdopodobnie kwestia lat 2040–2050, ale niewykluczone, że lat wcześniejszych. Gdzieś między maturą a obroną magisterium tych, którzy dzisiaj się rodzą.

W każdym razie szansę na stworzenie ogólnej sztucznej inteligencji, lecz takiej, która będzie nas wspomagać, a która nie potraktuje nas jako budulca dla własnego rozwoju, będziemy mieć tylko jedną – przy początku jej powstania. Sztuczna inteligencja będzie za mądra, żeby pozwalać nam na zmianę swojego działania, jeśli nie uzna tego za pożyteczne dla siebie, a oszukać jej nie będziemy w stanie.

Są oczywiście badacze, którzy egzystencjalne niebezpieczeństwa związane ze sztuczną inteligencją lekceważą. Nie dlatego, że takich niebezpieczeństw nie widzą, ale uważają, że są sprawą dalekiej przyszłości. Typowa dla nich jest wypowiedź Johna Giannandrei, byłego szefa AI w Google, obecnie zajmującego takie samo stanowisko w Apple, więc człowieka, który jest w samym centrum badań: „Rozumiem powody, dla których niektórzy ludzie niepokoją się sztuczną inteligencją, ale uważam, że media poświęcają temu za dużo uwagi. Nie widzę żadnych technologicznych podstaw, żeby uznać niebezpieczeństwa za bliskie[144]". Ciekawe, czy gdyby Ziemi groziło zderzenie z asteroidą w 2050 roku, Giannandrea też uważałby, że nie ma się co przejmować tą odległą perspektywą?

Jest jednak coraz więcej ludzi zajmujących się AI, którzy sądzą, że stworzenie sztucznej inteligencji w formie przyjaznej ludzkości jest zadaniem dla ludzi kluczowym i im wcześniej się tym zajmiemy, tym lepiej. Profesor Max Tegmark, o którym kilkakrotnie była mowa, powołał Future of Life Institute (Instytut Przyszłości Życia), który ma „łagodzić egzystencjalne rodzaje ryzyka zagrażające ludzkości, szczególnie związane z zaawansowaną sztuczną inteligencją". Instytut w 2015 i 2017 roku zorganizował w Asilomar dwie ważne konferencje specjalistów zajmujących się sztuczną inteligencją. Elon Musk stworzył firmę badawczą OpenAI (Otwarta Sztuczna Inteligencja), w której miliard dolarów przyrzekli zainwestować zarówno indywidualni inwestorzy, jak i firmy, a która ma „odkrywać i tworzyć ścieżkę prowadzącą do bezpiecznej sztucznej inteligencji". Wspominałem już o oksfordzkim Future of Humanity Institute (Instytut Ludzkiej

Przyszłości) kierowanym przez Nicka Bostroma; w konkurencyjnym Cambridge działa Centre for the Study of Existential Risk (Centrum Badania Zagrożeń Egzystencjalnych). Amazon, Facebook, Google, IBM i Microsoft powołały The Partnership on Artificial Intelligence to Benefit People and Society (Stowarzyszenie na rzecz Sztucznej Inteligencji Dobroczynnej dla Społeczeństw i Ludzi). Wielka Brytania chce być krajem przewodzącym w badaniach nad etyczną sztuczną inteligencją. Od czasu gdy w swoim artykule w 2006 roku Eliezer Yudkowsky pisał, że „badacze AI nie dostrzegają problemu przyjaznej sztucznej inteligencji", na szczęście sporo się zmieniło.

Tym czytelnikom, którzy nadal uważają, że rozważania o niesłychanych i potencjalnie egzystencjalnie niebezpiecznych możliwościach sztucznej inteligencji są stratą czasu, dedykuję historyjkę z niedalekiej przeszłości.

W 1933 roku jeden z najwybitniejszych fizyków XX wieku, noblista, który odkrył promieniowanie towarzyszące rozpadowi atomów ciężkich pierwiastków, Ernest Rutherford, powiedział, że „oczekiwania, że przekształcenia tych atomów będą źródłem energii, to są rojenia". Rok później innego uczonego, Leona Szilarda, który przyszedł do niego z pomysłem kontrolowanej reakcji łańcuchowej, Rutherford wyrzucił z domu, uznając, że mówi bzdury. Osiem lat później uruchomiono w Chicago pierwszy stos atomowy, a jedenaście lat później zrzucono bombę atomową na Hiroszimę.

BEZ WIELKIEGO ZAKOŃCZENIA

Kiedy na początku 2018 roku opublikowałem na portalu Forbes.pl długi tekst, który był zalążkiem tej książki, jeden z moich znajomych po przeczytaniu uznał, że nie ma się czym przejmować. Napisał do mnie tak: „Popełniasz (skądinąd naturalny zupełnie i w pełni zrozumiały) błąd wszystkich futurologów. Twoja »wizja« jest ekstrapolacją współczesnych trendów, czyli zakładasz, że nie zdarzy się nic nieoczekiwanego. Trzydzieści lat temu nikt nie byłby w stanie przewidzieć dyktatu GAFA (Google/Amazon/Facebook/Apple) i tak samo nikt dziś nie jest w stanie powiedzieć, jakie nowe wynalazki pojawią się za trzydzieści lat". Dwie sprawy wymagają wyjaśnienia, bo pewnie podobne zarzuty pojawią się w związku z książką: po pierwsze, znaczenie i prawdopodobieństwo wybranych przeze mnie zjawisk, a po drugie, możliwość wystąpienia innych jeszcze, które mogą w znacznie większym stopniu wpływać na przyszłość.

Zacznijmy od tej drugiej, a podstawowej kwestii: rozmaitych zjawisk, których wpływ na świat może być znacznie większy niż manipulacji genetycznych i sztucznej inteligencji. Czytelnik, który doszedł do tego miejsca w książce, będzie pewnie podobnego jak ja zdania: że takie zjawiska, których skutki byłyby porównywalne z możliwościami zmiany ludzkiego genomu czy ze stworzeniem superinteligencji, musiałyby być naprawdę niezwykłe, w rodzaju podróży w czasie albo odwiedzin Obcych na Ziemi. Oczywiście, ludzie mogą wymyślić coś, co trudno sobie dziś wyobrazić, a co podobną skalę oddziaływania będzie miało, ale myślę, że to mało prawdopodobne, bo wymyślaniem najbardziej zdumiewających rzeczy od dziesiątków lat zajmują się autorzy science fiction i chyba niczego takiego nie wymyślili. Nie świadczy to o tym, że lekceważę znaczenie przyszłych odkryć, pomysłów i wynalazków, które mogą silnie wpłynąć na świat, tak jak wpłynęły smartfony czy Google. Przeciwnie – myślę, że będzie ich w nadchodzących latach dużo. Ale to oznacza tylko jedno: że moje przewidywania to zaledwie minimum tego, czego po przyszłości musimy się spodziewać, bo świat zmieni się jeszcze bardziej i jeszcze szybciej, niż opisuję w tej książce.

Dla zilustrowania tego, jak wielkie mogą być te przyszłe zmiany, posłużmy się dwoma wykresami przedstawiającymi prawo Moore'a o podwajaniu mocy obliczeniowych komputerów co dwa lata, o którym była mowa w rozdziale *Jak działa sztuczna inteligencja i skąd się wzięła*[145]. Pierwszy wykres przedstawia działanie tego prawa od 1960 roku do dzisiaj – ta wystrzelająca do góry w ostatnich latach krzywa tak naprawdę systematycznie szła do góry ze stałą szybkością. Chociaż wydaje się, że cały postęp miał miejsce w ostatnich kilkunastu latach, jest to oczywiście złudzeniem, ale taka jest natura wzrostu wykładniczego, kiedy podwajamy poprzedni wynik.

A teraz ten sam wykres, ale rok 2018 nie jest końcem okresu raptownego wzrostu, tylko jednym z punktów w czasie – patrzymy na nas z perspektywy 2030 roku.

Gdy patrzymy na przeszłość z 2030 roku, to chociaż tempo wzrostu w całym okresie od początku jest identyczne, cały dotychczasowy rozwój wydaje się linią poziomą, wzrost do naszego 2018 roku wydaje się nieznaczny, a skala oczekujących nas zmian – ogromna.

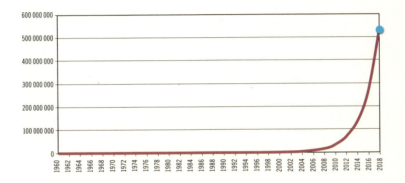

Wzrost mocy komputerów w latach 1960–2018 (zgodnie z prawem Moore'a). Rok 1960 = 1

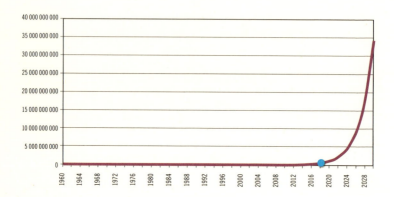

Wzrost mocy komputerów / zmian na świecie do 2030 roku (zgodnie z prawem Moore'a). Rok 1960 = 1. Kółkiem zaznaczono stan obecny

Podobnie trzeba by sobie wyobrazić nie tylko wzrost mocy obliczeniowej komputerów w najbliższej przyszłości, ale również skalę zmian na świecie, jakie będą wynikiem rozwoju nauki, techniki i gospodarki, napędzanych tą rosnącą mocą komputerów.

Do dwóch wyzwań opisanych w książce z pewnością dojdą zarówno te, o których już dzisiaj wiemy, jak i te, o których dopiero się dowiemy. Te, o których wiemy, to na pewno globalne ocieplenie, eksplozja demograficzna w Afryce wraz ze wzrastającą presją emigracyjną[146], wzrastająca potęga gospodarcza i polityczna Chin mogąca doprowadzić do konfliktu militarnego z Ameryką lub szerzej – z NATO oraz działania ograniczające emisję CO_2.

Warto powiedzieć dwa słowa o tym ostatnim zjawisku, bo jego rola będzie duża nie dlatego, że ograniczy ocieplenie klimatu. Zwiększenie produkcji energii elektrycznej ze źródeł odnawialnych (głównie energii słonecznej i wiatrowej) i wzrastająca szybko produkcja samochodów elektrycznych będą mieć daleko idące konsekwencje polityczne. Bloomberg przewiduje, że koszt samochodów elektrycznych będzie porównywalny ze spalinowymi już od 2024 roku[147], a potem samochody elektryczne, dzięki stałemu spadkowi cen baterii, będą coraz tańsze od spalinowych. Do tego najprawdopodobniej dojdzie opisane w rozdziale 9 zmniejszenie ogólnej liczby samochodów, bo wypożyczone auta bez kierowców zastąpią posiadanie samochodów. To oznacza, że szczyt zapotrzebowania na ropę naftową przypadnie na świecie gdzieś za 10–15 lat, a potem świat będzie jej używał coraz mniej. Jej cena będzie zatem długoterminowo spadać, zmniejszając dochody krajów Zatoki Perskiej i Rosji. Wyzwanie geopolityczne polega na tym, że te kraje, o ile nie przestawią swojej gospodarki na zupełnie inne tory, zaczną mieć gigantyczne problemy gospodarcze. Jak zareagują ich autokratyczni przywódcy na nieuchronny spadek stopy życiowej ludności i zmniejszenie znaczenia politycznego? Kraje Zatoki Perskiej, z Arabią Saudyjską i Katarem na czele, są głównymi finansistami światowego ekstremalnego islamu, pośrednio – terrorystów muzułmańskich. Czy potulnie pogodzą się ze swoim zmierzchem? Czy Rosja nie będzie się starała uprzedzić nieuchronnego upadku gospodarczego jakimiś działaniami w Europie, aby szantażem zmusić ją do finansowego wsparcia?

Co do opisywanych w książce wyzwań, to rozwój sztucznej inteligencji wydaje mi się nie tylko prawdopodobny, ale niemal pewny, aż do poziomu niemal ludzkiego. Oczywiście, konsekwencje jej rozwoju i zastosowania nie muszą być dokładnie takie, jak opisane w książce. Być może pozostanie 20 procent zajęć, w których ludzi nie da się zastąpić sztuczną inteligencją i robotami, być może samochody autonomiczne zaczną jeździć nie za dwa lata, ale dopiero za dziesięć lat, a pacjenci odmówią poddawania się diagnozom programów komputerowych. Mogą też mieć miejsce różne nieopisywane tutaj zdarzenia i zjawiska, ale nie ulega dla mnie wątpliwości, że sztuczna inteligencja tak czy inaczej w rewolucyjny sposób zmienia nasze gospodarki, społeczeństwa i nas samych.

Natomiast tego, czy uda nam się stworzyć AGI, inteligencję porównywalną z ludzką, jak wcześniej pisałem, pewien nie jestem, chociaż myślę, że prawdopodobieństwo jest bardzo duże. Dlatego i prawdopodobieństwo stworzenia superinteligencji w ciągu jednego pokolenia uważam za wysokie. Oczywiście, jeśli nie zostaną wprowadzone ograniczenia badań – ale to wymagałoby wielkiego międzynarodowego porozumienia, podobnie jak potrzebne byłyby międzynarodowe uzgodnienia ograniczeń, jakie powinniśmy próbować nałożyć na superinteligencję, aby nie działała ze szkodą dla ludzi. Do wspomnianych wcześniej trudności w wymyśleniu i skutecznym wdrożeniu takich ograniczeń dochodzą trudności w wynegocjowaniu międzynarodowych porozumień i ich weryfikacji, gdy Rosja, Chiny i Stany Zjednoczone konkurują z sobą o przywództwo światowe, które rozwój AI mógłby im zapewnić. W porównaniu z tym zadaniem wynegocjowanie układów o eliminacji broni biologicznej i chemicznej czy ograniczeniu liczby głowic jądrowych było bardzo proste, bo negocjujący znali koszmarne skutki broni chemicznej i jądrowej. Jeśli zaś chodzi o sztuczną inteligencję, to nie potrafimy przewidzieć konsekwencji jej działania, a kiedy AGI już zacznie działać, może być za późno na jakiekolwiek negocjacje między ludźmi.

Inaczej nieco jest w wypadku rewolucji genetycznej. W odróżnieniu od sztucznej inteligencji, która ma już obecnie mnóstwo zastosowań, mechanizm CRISPR/Cas9 znajduje się głównie w fazie badań i eksperymentów, a nie terapii oraz komercyjnych wdrożeń genetycznie zmienionych zwierząt i ludzi. W trakcie dalszych badań może się oczywiście okazać, że metoda CRISPR/Cas9 powoduje tak wiele różnych skutków ubocznych i jest tak nieefektywna, gdy próbujemy ją zastosować do zmieniania genów, że pozostanie wyłącznie narzędziem w badaniach podstawowych. Sądzę, że przeciwko takiemu pesymistycznemu scenariuszowi przemawia gwałtownie rosnąca liczba laboratoriów badawczych, wynikająca z łatwości i taniości stosowania tej metody. Mówią o tym, niezależnie od siebie, polscy badacze, z którymi rozmawiałem na temat możliwych ograniczeń CRISPR/Cas9.

Marta Olejniczak: „Dziś można sobie w wielu firmach zamówić niedrogie zestawy, w których są odpowiednie białka albo plazmidy – są to narzędzia typu »dodaj jedno, wymieszaj w probówce z drugim i trzecim, wprowadź to do komórek i sprawdź efekt«. Są programy, w których można sobie wpisać gen docelowy, a program zaprojektuje za nas odpowiedni sgRNA, określi dla tego sgRNA prawdopodobieństwo zadziałania i pokaże inne miejsca w genomie, tak zwane *off-targets*, gdzie on może niespecyficznie zadziałać. Następnie można sobie zamówić zaprojektowane przez program sgRNA, kupić białko, wymieszać, wprowadzić do komórek i testować".

Krzysztof Chyliński: „Dla mnie największą rewolucją jest to, jak bardzo CRISPR/Cas9 dostępny stał się dla badań podstawowych, jak bardzo popchnął możliwości i popchnie do przodu jakość badań naukowych. Nagle modyfikacje genetyczne stały się dostępne również dla mniejszych laboratoriów. To też bardzo ważne, bo jeśli myślimy o jakimś rozwoju leków albo terapii, to różnice kosztów umożliwiają teraz dokonywanie odkryć małym laboratoriom, a nie tylko gigantom". Dzięki pracom setek laboratoriów ukazuje się tygodniowo około dwudziestu nowych artykułów z wynikami badań. Jak pisałem w rozdziale 2, znajdowane są ciągle nowe sposoby udoskonalania mechanizmu CRISPR/Cas9: używania go do włączania i wyłączania genów, modyfikowania RNA, stosowania innego przecinania DNA, stosowania innych białek zamiast Cas9 i eksperymentowania z rozmaitymi sposobami dostarczania narzędzia CRISPR/Cas9 i nowych genów do komórek.

Dokonała się swego rodzaju rewolucja mentalna naukowców: uwierzyli, że modyfikowanie genów w nietrudny sposób jest możliwe, i teraz szukają tylko odpowiedzi na pytanie, jak to robić najskuteczniej. Dlatego sądzę, że gdyby nawet znaleziono poważne ograniczenia CRISPR/Cas9, to naukowcy znajdą albo wymyślą narzędzie, które będzie mogło robić to, co miał robić CRISPR/Cas9, bo on rozbudził ich ogromne nadzieje, więc się nie poddadzą. No i do tego dojdą jeszcze możliwości zastosowania w badaniach sztucznej inteligencji, analizowania setek tysięcy rozmaitych związków, którymi genetycy mogliby się posłużyć. Może nie za dwa lub trzy lata będziemy mieli pierwsze terapie genowe dzięki CRISPR/Cas9, może nie za pięć lat, ale za kilkanaście niemal na pewno, podobnie jak wydłużenie ludzkiego życia i zupełnie nowe odmiany roślin czy zwierząt.

Zatem po rozważeniu tego, co może pójść wolniej albo źle, sądzę, że modyfikacje genetyczne i sztuczna inteligencja zmienią nasz świat. O rozmaitych konsekwencjach tego pisałem już wcześniej, ale jest jeszcze kwestia, która dla przyszłych społeczeństw może się okazać kluczowa: nowe nierówności między ludźmi i między społeczeństwami albo przeciwnie – przymusowa równość ludzi.

Nie wiemy jeszcze, jakie będą koszty terapii genetycznych i estetyki genetycznej. Dzisiaj pierwsze terapie, które opierają się na wcześniejszych niż CRISPR/Cas9 technikach zmian genów, wchodzą do szpitali, ale ich koszt wynosi pół miliona dolarów od pacjenta[148] i są to terapie bardzo rzadkich chorób. To się na pewno zmieni, bo CRISPR/Cas9 daje szanse na terapie znacznie tańsze, również dzięki włączeniu w ich poszukiwanie mniejszych firm, o czym mówił Krzysztof Chyliński. A ponieważ koszty terapii zależą także od liczby pacjentów, im będzie ich więcej, tym terapie będą tańsze. Sądzę, że terapie będą dostępne dla wszystkich chorych, przynajmniej w krajach rozwiniętych. Z czasem dostępne będzie publiczne finansowanie z ubezpieczenia zdrowotnego terapii genetycznych zapobiegających rakowi czy chorobom serca – bo zlikwidują one te choroby, czyli również wydatki na ich leczenie.

Czy dostępna też będzie powszechnie genetyka estetyczna poprawiająca nasz wygląd i wygląd naszych dzieci, to się okaże. O ile koszty terapii dla osób chorych mogą być refundowane przez ubezpieczycieli czy narodowe programy zdrowia takie jak NFZ, to trudno sobie na razie wyobrazić, żeby państwo fundowało obywatelom zmienianie koloru oczu czy zmienianie genów, żeby mogli do woli jeść golonkę, nie tyjąc. Ale to, co trudno sobie wyobrazić dzisiaj, jutro może stać się sztandarowym hasłem wyborczym rozmaitych partii. Skoro dzisiejsze partie obiecują obywatelom obniżki podatków, rozmaite bezpłatne świadczenia, dodatki mieszkaniowe, dziecięce i pogrzebowe, to dlaczego nie miałyby za dziesięć lat proponować zasiłków, żeby wyborcy mogli poprawić sobie geny? To może doprowadzić nas prostą drogą do radykalnej zmiany naszych społeczeństw, do ludzkości poprawionej odgórnie.

Przyjmijmy, że badaczom udaje się określić, które geny mają największy wpływ na nasz poziom inteligencji, i że jest ich kilkanaście, i że potrafimy wszystkie je w miarę prosto i tanio zmieniać, zwiększając o kilkanaście punktów inteligencję ludzi, którzy dotychczas mieli ją poniżej przeciętnej. Czy nie można by traktować ujednolicenia poziomu inteligencji jako programu wyrównywania szans obywateli? Skoro zgadzamy się, żeby państwo pomagało wyrównywać szanse edukacyjne dzieci z różnych środowisk, na przykład fundując dzieciom obiady albo wyprawki szkolne, to dlaczego nie miałoby wyrównywać ich szans, podnosząc ich poziom IQ do już ustalonego?

Możliwości zmian genetycznych postawią na porządku dziennym pytanie o to, co znaczy wyrównywanie szans, które dotychczas polegało na zapewnieniu podobnych możliwości edukacji, przy uznaniu, że ludzie rodzą się z różnym wyposażeniem genetycznym jakoś określającym ich szanse. Ale teraz być może pojawi się możliwość zmienienia tego, co dotychczas było wyrokiem losu, a w perspektywie, przynajmniej w społeczeństwach niedemokratycznych, wizja przymusowego ujednolicania obywateli, stworzenia tak pełnej równości, jak to biologicznie możliwe. Na marginesie – może i modyfikowanie obywateli, żeby byli bardziej posłuszni, o ile znajdziemy geny posłuszeństwa.

Te perspektywy wyglądają koszmarnie i wcale nie jest powiedziane, że tak musi się stać. Ale po raz pierwszy w historii ludzkości takie perspektywy się rysują jako realistyczne, ograniczone na razie naszymi umiejętnościami manipulowania genami, ale te umiejętności będą rosły. Podobnie jak w wypadku sztucznej inteligencji, trzeba zadawać sobie pytania o skutki, których chcielibyśmy jako społeczeństwa unikać, i zastanawiać się nad sposobami ich unikania – zanim posuniemy się w umiejętnościach technicznych tak daleko, że będziemy zastrzykiem zrównywać intelekt obywateli albo czynić ich bardziej potulnymi. Nie jest to problem najbliższego pięciolecia, ale na pewno stanie przed nami szybciej niż w 2050 roku.

Być może będziemy jednak świadkami powstania nowego rodzaju nierówności. Może się zdarzyć, że niektóre procedury będą zawsze niesłychanie drogie, że dostęp do niektórych terapii i metod poprawiania stanu fizycznego i umysłowego będzie ograniczony tylko do osób bogatych albo bardzo bogatych. Może się też okazać, że powstaną skuteczne sposoby zapewniania zdrowej długowieczności, przedłużenia życia o połowę, ale ich koszt będzie horrendalnie wysoki i będą dostępne tylko dla najbogatszego jednego procenta. Czy społeczeństwa zaakceptują ekstremalne nierówności w jakości i długości życia, zależne od zamożności?

Najprawdopodobniej do powiększenia nierówności społecznych prowadzić będzie rozwój sztucznej inteligencji, dzieląc społeczeństwo na tych, którzy mają pracę i zarabiają, i tych, którzy pracy nie mają i żyją z jakiejś formy zasiłku. Za horyzontem czekają na nas jeszcze inne odkrycia i wynalazki, i tak jak w przeszłości część z nich będzie działać na rzecz zmniejszania różnic (wszyscy mamy smartfony i dostęp do sieci społecznościowych), a część na rzecz ich zwiększania (tylko niektórzy potrafią dobrze wykorzystywać informacje i możliwości internetu).

Przyszłe nierówności między ludźmi są rzeczą dyskusyjną – może będą, a może nie. Nie ulega jednak dla mnie wątpliwości, że pogłębią się nierówności między obywatelami krajów bogatych i biednych. Nowe terapie dadzą obywatelom krajów bogatych dłuższe i zdrowsze życie, a co z obywatelami krajów biednych, które nie będą mogły sobie pozwolić nawet na niezbyt kosztowne, ale powszechnie stosowane modyfikacje genów? Jeśli zaś Zachód altruistycznie podzieli się takimi technologiami za darmo z krajami Afryki, to czy nie spowoduje to jeszcze większego przeludnienia tego kontynentu, skoro przez kilkadziesiąt kolejnych lat mało kto będzie chorował i umierał? A jeśli się nie podzielimy, czy nie nasili to presji emigracyjnej, ponieważ znacznie więcej ludzi będzie chciało znaleźć się w Europie, żeby korzystać z dobrodziejstw nowej medycyny?

Największe różnice między krajami wynikną jednak z nierównomiernego rozwoju gospodarczego. Dobiega kresu epoka industrializacji – za kilkanaście lat ogromna większość fabryk, również w Chinach, będzie zautomatyzowana. Dobiega też końca epoka postprzemysłowa, oparta na usługach świadczonych przez ludzi, jak starałem się pokazać w drugiej części. Mamy gospodarkę globalną, więc sztuczna inteligencja zastępująca pracę osób w *call centers* nie ograniczy swojego działania do Stanów Zjednoczonych – na Filipinach w *call centers* obsługujących amerykańskich klientów pracuje ponad milion osób, miliony pracują w Indiach. Biedniejsze kraje, które konkurowały na rynku światowym niższą ceną pracy fizycznej i umysłowej, przestaną mieć taką przewagę, ponieważ praca robotów i programów AI będzie w wielu dziedzinach jeszcze tańsza. O ile jednak w krajach bogatych można będzie opodatkować dobra i usługi produkowane za pomocą sztucznej inteligencji, żeby mieć pieniądze na dochód gwarantowany czy podobne formy płacenia obywatelom, to w krajach biedniejszych takich możliwości nie będzie[*]. Jedyne, co

---

[*] Można sobie wyobrazić też scenariusz, w którym kraje biedniejsze ściągają do siebie wytwarzanie towarów i usług oparte na sztucznej inteligencji, oferując niższe opodatkowanie, ale przed takim rozwiązaniem kraje bogatsze na pewno by się skuteczni broniły, ponieważ utrata źródła dochodów byłaby zbyt groźna dla porządku społecznego – rządy nie miałyby pieniędzy na wypłacanie zasiłków obywatelom.

będą miały wówczas do zaoferowania na rynku światowym prócz egzotycznych owoców, to turystyka – ale czy z samej turystyki będą się w stanie utrzymać, szczególnie w szybko rosnącej w ludność Afryce?

O jednej jeszcze istotnej różnicy między ludźmi trzeba wspomnieć – różnicy w tolerowaniu gwałtownie przyspieszających zmian. Oprócz mniejszości, która dobrze się czuje w zmieniającym się świecie technologii, jest większość, która jakoś nadąża, i inna mniejszość, która odpada, nazywana elegancko „wykluczonymi cyfrowo". Przypuszczam, że ta druga mniejszość będzie się powiększała kosztem większości, że będzie coraz więcej osób niedających sobie rady, nierozumiejących i w rezultacie – obawiających się przyszłości.

Zmiany, które nastąpią w najbliższych latach, niekoniecznie będą się wszystkim ludziom podobały. Nawet jeśli przyniosą więcej czasu i mniej pracy, nawet jeśli nastąpi wzrost poziomu życia, to przemiany gospodarcze i społeczne, jakie będą spowodowane przez osiągnięcia genetyki i sztucznej inteligencji, okażą się dla wielu osób trudne do zaakceptowania. Świat, w którym będziemy żyli za kilkanaście lat, będzie mało przypominał ten, w którym dorastaliśmy i żyliśmy dotychczas. Zbyt szybkie zmiany już powodują niepewność i lęk przed przyszłością. Ten lęk wyraża się w systemach demokratycznych w wyborach politycznych – w głosowaniu na polityków obiecujących proste rozwiązania i powrót „starych, dobrych czasów". To, oprócz rosnących nierówności dochodów, jest według mnie jednym z kluczowych powodów rosnącej fali populizmu – duże grupy ludzi czują się niepewnie i widzą, że politycy tracą kontrolę nad wydarzeniami. Politycy będą mieli tej kontroli nad wydarzeniami coraz mniej, jeśli nie zmusimy ich, żeby zawczasu zwrócili na nie uwagę.

Pomijam tutaj całą sferę rozważań praktycznych, należących do futurystyki politycznej: jak konkretnie może wyglądać przejście od dzisiejszego podzielonego politycznie, gospodarczo i religijnie świata do świata, w którym tak naprawdę rządzi jakaś sztuczna superinteligencja. Takich scenariuszy nigdzie nie znalazłem i sam nie bardzo potrafię sobie wyobrazić, jak miałaby taka rewolucja wyglądać. Jak sprawić, by to przejście nie było związane z krwawymi wojnami odchodzących potęg politycznych i religijnych fanatyków między sobą oraz ze wszystkimi innymi? Tym, mam nadzieję, mądrzy ludzie na świecie się zajmą, gdy stanie się jasne, że pomocna superinteligencja to nie fantazja badaczy, tylko kwestia najbliższych lat.

Ale co się stanie, jeśli takie sztuczne inteligencje na poziomie człowieka powstaną nie w jednym, ale w kilku miejscach? Jeśli stworzą je Stany Zjednoczone, Chiny i Indie niemal jednocześnie, albo Google, Apple i Microsoft? Czy będą z sobą konkurowały, współpracowały, stopią się w jedną? Nie podejmuję się odpowiedzieć na to pytanie, zadaję je, żeby uświadomić czytelnikom, jak bardzo niezwykłej rzeczywistości mamy dużą szansę się przyglądać...

Nie wiem, w jakim stopniu to kwestia wychowania, a w jakim stopniu genów, ale jestem optymistą. Wprawdzie z wiekiem coraz bardziej ostrożnym, lecz nadal patrzę w przyszłość raczej z nadzieją niż przerażeniem. Dotyczy to także wyzwań, o których mówię w tej książce, bo jestem przekonany, że możemy mieć na nie wpływ. My, obywatele Polski, Unii Europejskiej, świata.

W ciągu najbliższych kilkunastu lat będziemy musieli zdecydować, jaki rodzaj zmian genetycznych uznajemy za dopuszczalny u ludzi, zwierząt i roślin, jakie ograniczenia nałożyć na rozwój sztucznej inteligencji, jak zabezpieczyć obywateli krajów demokratycznych przed wszechobecną inwigilacją i manipulacją polityczną, a konsumentów przed wszechmocną manipulacją marketingową, jak zapewnić względną równość ekonomiczną obywateli, których coraz więcej będzie bez pracy. Na poziomie międzynarodowym będziemy musieli znaleźć jakiś sposób na ograniczenia wzrastającej nierówności państw rozwiniętych i ubogich, wynikającej z rozwoju sztucznej inteligencji i opartej na niej gospodarki.

Te dyskusje i decyzje nie będą jedyne. Zapobieżenie skutkom globalnego ocieplenia w krajach słabiej rozwiniętych, zapobieżenie klęsce głodu w Afryce, która przeżywa eksplozję demograficzną, masowym migracjom, terroryzmowi fundamentalistów sprzeciwiających się rozwojowi świata da nam pulę dodatkowych problemów, które trzeba będzie przedyskutować i rozwiązać.

Polska ma szansę na uczestniczenie w tych dyskusjach, ale wyłącznie jako część większej całości, a nie jako samodzielne państwo. W polityce i gospodarce światowej jesteśmy krajem marginalnym, nasze pół procent ludności świata odpowiada z grubsza naszej roli międzynarodowej. Możemy mieć wpływ na decyzje dotyczące przyszłości ludzkości wyłącznie jako część Unii Europejskiej. Pod warunkiem że Unia Europejska będzie mieć wpływ na cokolwiek, że nie utonie w kłótniach i sporach, że będzie chciała zmienić priorytety swoich wydatków z subsydiowania rolnictwa, co miało sens po drugiej wojnie światowej, ale nie dzisiaj. Unia będzie musiała na nowo ustawić swoje priorytety polityczne i finansowe, co może być procesem bolesnym, również dla naszego kraju. W każdym razie traktowanie Unii wyłącznie jak dojnej krowy i uczestniczenie w unijnych dyskusjach na zasadzie „nie, bo nie", jak w dyskusji o relokacji uchodźców, jest prostą drogą do osłabienia Unii i jej marginalizacji, do zostawienia pola na decyzje wyłącznie Chinom i Stanom Zjednoczonym.

Swój rozwój w ostatnich dwustu latach świat zawdzięczał głównie naukowcom, w mniejszym stopniu przedsiębiorcom, a w jeszcze mniejszym – politykom. Teraz naukowcy oddają w nasze ręce narzędzia, których sami nie opanują – bo i nie taka jest ich rola. Nie opanują tych narzędzi również przedsiębiorcy. Owszem, wykorzystają je, maksymalizując swoje zyski i być może przyspieszając zmiany – sztucznej inteligencji – do momentu, od którego nie będzie już szans zawrócić. Dlatego większa rola przypadnie politykom, ale o tym, co politycy zrobią, w systemach demokratycznych decydować będą wyborcy. Czyli my. Politycy na razie nie mają o tym, co się zdarzy, pojęcia, a zresztą ich obchodzą głównie najbliższe wybory.

Moja książka jest próbą pokazania ogromnych zmian, jakie nadchodzą, a których nie jesteśmy świadomi, i próbą wywołania dyskusji, żebyśmy na te zmiany postarali się wpływać. Możemy oczywiście nadal dyskutować wyłącznie o kwestiach kompletnie dla przyszłości marginalnych, na przykład jak powstrzymać świat przed obrażaniem Polski z powodu „polskich obozów koncentracyjnych". Ale jeśli nie zaczniemy się zastanawiać nad światem, który za chwilę nadejdzie, to zderzymy się z nim w najbardziej nieprzyjemny sposób – spadnie nam na głowę, nie pytając, czy sobie go życzymy.

Tak naprawdę chodzi o to, żeby nie doszło do Wielkiego Zakończenia.

DODATEK

Sztuczna inteligencja – zasady z Asilomar

Na zorganizowanej w 2017 roku przez Future of Life Institute międzynarodowej konferencji badaczy sztucznej inteligencji w Asilomar w Kalifornii ustalono zasady, którymi powinni się kierować twórcy AI. Do lipca 2018 roku podpisało się pod nimi 1273 badaczy sztucznej inteligencji i robotyki oraz 2541 innych osób, m.in. Stephen Hawking, Demis Hassabis i Mustafa Suleyman (twórcy firmy DeepMind), Elon Musk, Ray Kurzweil, Yann LeCun (szef AI w Facebooku), Tom Gruber (Apple, odpowiedzialny za Siri) oraz Jeff Dean (szef projektu Google Brain)[*].

Sztuczna inteligencja zdążyła już wytworzyć przydatne narzędzia używane każdego dnia przez ludzi na całym świecie. Jej stały rozwój oparty na poniższych zasadach oferuje niezwykłe możliwości pomagania ludziom w nadchodzących dekadach oraz stuleciach.

---

[*] Tekst deklaracji jest dostępny na stronie https://futureoflife.org/ai-principles/?cn-reloaded=1&cn-reloaded=1. Wśród sygnatariuszy-badaczy znalazłem tylko jedną osobę z Rosji i jedną z Chin.

Zasady badań

1. Cel badań. Celem badań nad sztuczną inteligencją nie powinno być stworzenie nieukierunkowanej inteligencji, lecz inteligencji, która przysłuży się człowiekowi.

2. Finansowanie badań. Inwestycjom w sztuczną inteligencję powinno towarzyszyć finansowanie badań nad zapewnieniem jej korzystnego dla ludzi działania, jak również poszukiwanie odpowiedzi na drażliwe pytania z zakresu informatyki, ekonomii, prawa, etyki i nauk społecznych, takie jak:

– Jak zapewnić przyszłym systemom AI odpowiednio dużą odporność, aby robiły to, co chcemy, i nie ulegały awariom ani atakom hakerów?
– Jak możemy zwiększyć nasz dobrobyt za pomocą automatyzacji, nie odbierając przy tym ludziom ich możliwości i poczucia sensu życia?
– Jak aktualizować nasz system prawny, aby stawał się bardziej sprawiedliwy oraz wydajny i mógł dotrzymać kroku rozwojowi AI, a zarazem radził sobie z zagrożeniami związanymi ze sztuczną inteligencją?
– Jakiemu systemowi wartości powinny podlegać systemy AI oraz jak należy rozpatrywać ich status etyczno-prawny?

3. Związek polityki i nauki. Powinna istnieć zdrowa, konstruktywna wymiana poglądów między badaczami AI a politykami.

4. Kultura badań. Wśród badaczy i osób zajmujących się rozwojem sztucznej inteligencji należy krzewić kulturę współpracy, zaufania i przejrzystości.

5. Unikanie wyścigu. Zespoły rozwijające systemy sztucznej inteligencji powinny aktywnie współpracować, by unikać pobieżnego traktowania standardów bezpieczeństwa.

Etyka i wartości

6. Bezpieczeństwo. Systemy sztucznej inteligencji powinny być bezpieczne i zabezpieczone przez cały okres swojej żywotności w sposób dający się sprawdzić, gdzie tylko jest to możliwe i konieczne.

7. Przejrzystość w razie awarii. Jeśli system AI spowoduje szkody, powinno być możliwe ustalenie ich przyczyn.

8. Przejrzystość w postępowaniu sądowym. Każdy przypadek udziału systemu sztucznej inteligencji w orzekaniu sądowym powinien zapewniać satysfakcjonujące wyjaśnienie podejmowanych przez system decyzji, tak aby mogły być sprawdzone przez ludzi mających odpowiednią władzę[*].

9. Odpowiedzialność. Projektanci i konstruktorzy zaawansowanych systemów sztucznej inteligencji ponoszą moralną odpowiedzialność za skutki ich działań, za używanie i nadużywanie tych systemów, gdyż to oni mają możliwość kształtowania tych skutków.

---

[*] Chodzi o to, żeby system AI umiał pokazać w zrozumiały dla ludzi sposób, dlaczego podjął daną decyzję. Teraz systemy AI tego nie potrafią – robią coś, bo tak im wyszło z obliczeń, ale nie wiemy dlaczego. W procesie orzekania sądowego musimy mieć kontrolę, aby móc sprawdzić, czy algorytm nie nauczył się na przykład rasistowskich zachowań, analizując wcześniejsze decyzje sędziów, którzy częściej odmawiali zwolnienia za kaucją podejrzanych czarnoskórych niż białych.

10. Zgodność wartości. Wysoce autonomiczne systemy sztucznej inteligencji powinny być projektowane w taki sposób, żeby zgodność ich zadań i zachowań z ludzkimi wartościami była zapewniona przez cały okres ich funkcjonowania.

11. Wartości ludzkie. Systemy sztucznej inteligencji powinny być projektowane i używane w zgodzie z zasadami poszanowania ludzkiej godności, praw, swobód i różnorodności kulturowej.

12. Prywatność. Ponieważ zdolność systemów AI do analizy i wykorzystywania informacji jest ogromna, ludzie powinni mieć prawo dostępu do swoich danych, ich edycji oraz zarządzania nimi.

13. Prywatność i wolność. Zastosowanie AI do kontrolowania prywatnych danych nie może w nieuzasadniony sposób ograniczać ludzkiej wolności, zarówno rzeczywistej, jak i postrzeganej.

14. Wspólne korzyści. Technologie sztucznej inteligencji powinny być używane dla dobra i wspierania możliwie jak największej liczby ludzi.

15. Wspólny dobrobyt. Dobrobyt ekonomiczny wytworzony dzięki sztucznej inteligencji powinien być szeroko dystrybuowany, by przynosił korzyść całej ludzkości.

16. Ludzka kontrola. Ludzie powinni decydować, czy, a jeśli tak, to jak, przekazywać decyzyjność systemom AI, by te realizowały wyznaczane przez człowieka zadania.

17. Niepodważanie procesów społecznych. Sprawowanie kontroli nad bardzo zaawansowanymi systemami AI daje

władzę, ci zaś, którzy ją będą mieli, powinni szanować i doskonalić procesy społeczne i obywatelskie, od których zależy dobre funkcjonowanie społeczeństwa, nie zaś je podważać.

18. Wyścig zbrojeń. Powinno się unikać wyścigu zbrojeń w dziedzinie zdolnych do zabijania ludzi systemów autonomicznych[*].

Kwestie istotne w dłuższej perspektywie

19. Ostrzeżenie o możliwościach AI. Nie osiągnęliśmy w tej sprawie zgody, uważamy jednak, że powinniśmy się wystrzegać przyjmowania absolutnych założeń co do granic przyszłych możliwości sztucznej inteligencji.

20. Doniosłość. Zaawansowana sztuczna inteligencja może oznaczać radykalną zmianę w historii życia na Ziemi, powinniśmy zatem przygotować się na nią, uwzględniając ją w planach, oraz zarządzać nią z należytą ostrożnością i odpowiednimi zasobami.

21. Zagrożenia. Zagrożenia stwarzane przez systemy sztucznej inteligencji, szczególnie te związane z ryzykiem katastrof i śmierci, powinny stać się przedmiotem tworzonych planów i działań łagodzących ich skutki, adekwatnych do spodziewanych szkód.

22. Samodoskonalenie. Systemy sztucznej inteligencji, które na podstawie mechanizmu rekursji mają się samodoskonalić

---

[*] Przez „autonomiczny" autorzy deklaracji rozumieją system, który samodzielnie podejmuje decyzje, nie konsultując ich z ludźmi.

lub replikować w sposób mogący doprowadzić do gwałtownego wzrostu ich możliwości lub liczby, powinny zostać poddane ścisłemu nadzorowi i kontroli.

23. **Wspólne dobro.** Superinteligencja powinna być rozwijana wyłącznie w służbie powszechnie podzielanych ideałów etycznych oraz z korzyścią dla całej ludzkości, nie jednego kraju lub organizacji.

PODZIĘKOWANIA

Podziękowania są zawsze najnudniejszą częścią każdej książki – przeznaczoną nie dla czytelników, tylko dla tych, którym się dziękuje. Dlatego postanowiłem napisać trochę inne podziękowania, które, mam nadzieję, będą równie miłe dla osób, o których piszę, jak ciekawe dla czytelników.

Nie licząc doktoratu, jest to moja pierwsza w życiu książka. Wprawdzie figuruję jako współautor przewodnika po Toskanii i Umbrii, ale to tylko dlatego, że zrobiłem do niego sporo zdjęć – nie napisałem ani słowa. Napisałem sporo artykułów, lecz o książce nie myślałem.

Ta powstała niemal przypadkiem. Napisałem długi tekst, który w lutym 2018 roku został opublikowany na portalu Forbes.pl dzięki Erykowi Stankunowiczowi z „Forbesa", gotowemu zaryzykować, że czytelnicy obrażą się na portal za umieszczenie tekstu pięć razy dłuższego niż najdłuższe tamtejsze teksty. Okazało się, że się nie obrazili. Przeciwnie – tekst im się spodobał. A jedną z osób, którym się spodobał, był redaktor Robert Chojnacki, który zaproponował mi napisanie książki. Chciałbym mu podziękować za jego wiarę we mnie i zaangażowanie, żeby książka mojego autorstwa mogła się w Wydawnictwie Otwartym pojawić i zmienić moje życie.

Przy okazji chcę podziękować wszystkim osobom z tego wydawnictwa, które w różny sposób przyczyniły się do znalezienia się książki w księgarniach (ze szczególnym wskazaniem na jej redaktorkę Aleksandrę Ptasznik) i wykazały mnóstwo dobrej woli, żeby dopasować się do różnych moich ekscentrycznych żądań. Dziękuję również pani Joannie Hołdys, która wyleczyła mnie z przekonania, że adiustowanie mojej książki jest w zasadzie zbyteczne, bo znakomicie potrafię poprawnie pisać po polsku

Jestem z wykształcenia socjologiem, z zawodu menedżerem, konsultantem, publicystą i redaktorem serwisu Webnalist. com – żadna z tych rzeczy nie powoduje, że człowiek staje się ekspertem od genetyki i sztucznej inteligencji. Dlatego konsultacje z ekspertami były absolutnie konieczne. Doktor Marek Cygan i profesor Ewa Bartnik z Uniwersytetu Warszawskiego zgodzili się być konsultantami tej książki, poświęcili swój naprawdę cenny czas i narazili się na doświadczanie rozmaitych emocji, żebym nie napisał głupstw. Łatwe to dla nich nie było; po przeczytaniu pierwszej wersji rozdziału o CRISPR/Cas9 pani profesor napisała mi w e-mailu: „Ja jestem osobą łagodną, ale jeśli usłyszy Pan głośne wycie, to będę ja".

Podziękować za czas, wyjaśnienia i wsparcie chciałbym bardzo zajętym osobom, które wzbogaciły moją wiedzę i rozumienie tego, o czym piszę: Kacprowi Nowickiemu, który jest szefem jednego z nielicznych polskich start-upów zajmujących się sztuczną inteligencją – firmy NoMagic, Marcie Olejniczak i Krzysztofowi Chylińskiemu, o których piszę w książce i którzy z niesłychaną życzliwością poświęcili mi znacznie więcej czasu, niż mogłem się spodziewać, i odpowiadali spokojnie na bardzo różne pytania.

Rozmaite części tej książki dałem do przeczytania i skomentowania kilkorgu moim znajomym i przyjaciołom, testując na nich treść i styl. Wymienię ich w kolejności alfabetycznej.

Robert Bogdański jest byłym dziennikarzem BBC, szefem Fundacji Nowe Media (www.fundacjanowemedia.org) i przyszłego kanału informacyjnego w języku angielskim TVP. Ma odmienne od moich poglądy polityczne, ale i tak się lubimy i szanujemy. To Robert po przeczytaniu mojego artykułu zadzwonił do mnie i powiedział: „Napisz książkę". Uznałem to za kiepski pomysł, ale ziarno zostało zasiane – zacząłem się zastanawiać, co mógłbym powiedzieć w książce, na co nie było szans w artykule, nawet długim. Dlatego kiedy miesiąc później odezwało się Wydawnictwo Otwarte, różne rzeczy miałem przemyślane i częściowo byłem już przekonany. Gdyby nie Robert Bogdański i ten dodatkowy miesiąc myślenia, to pewnie książki nie zdążyłbym w tak krótkim czasie napisać. A oprócz tego powiedział mi kilka ważnych rzeczy o stylu, który dzięki jego uwagom, mam nadzieję, poprawiłem.

Anna Maria Goławska jest bizneswoman, prowadzi serwis www.toskania.org.pl, dzięki któremu można wynająć w Toskanii dom na wakacje. Opublikowała trzy tomiki pięknych wierszy i dwie książki o Włoszech (jedna to ta, w której zostałem dopisany jako współautor). Poprawiała mój język, pokazywała liczne miejsca, których nie rozumie, i czasami nawet chwaliła. Bez jej ogromnej pomocy niewiele w ostatnich latach dałbym radę zrobić.

Misia Konopka jest malarką, projektantką i scenografką (można zobaczyć jej prace na http://misia-konopka.pl/). Sama o sobie pisze tak: „Jestem przyjaciółką ludzi i zwierząt, czytam sporo – interesuje mnie w zasadzie wszystko, co jest związane z psychologią, socjologią, duchowością, a w szczególności pasjonuje mnie temat różnic w postrzeganiu otaczającego nas świata". Jest malarką nietypową – lubi liczby, dlatego dałem jej do czytania trudniejsze fragmenty książki, które oddała mi z mnóstwem szczegółowych uwag i jedną generalną: „Czyta się ciekawie". To mnie uspokoiło.

Kaja Mikoszewska wie mnóstwo na najrozmaitsze tematy, potrafi pisać i redagować, więc oddała mi tekst z ponad setką komentarzy: od drobnych złośliwości do poważnych wątpliwości. Z większości skorzystałem, a gdyby czas pozwolił, skorzystałbym ze wszystkich. Napisała o sobie tak: „Prowadzę podkast dla dorosłych NerdyNocą.pl, w którym rozmawiam z ludźmi z pasją – największą popularnością cieszą się tajne komplety z biologii i historii. Piszę poradniki technologiczne i projektuję książki edukacyjne. Kultywuję ciekawość i wątpliwości jako narzędzia do znajdowania się w świecie".

Tomek Rodowicz jest reżyserem, muzykiem i aktorem, współtwórcą Ośrodka Praktyk Teatralnych Gardzienice. Od piętnastu lat kieruje grupą teatralną CHOREA (chorea.com.pl). Dzięki Tomkowi, z którym przyjaźnimy się od dziesiątków lat, wprowadziłem kilka krótkich, lecz bardzo istotnych zdań do książki. Równie ważne było jego wsparcie, jego opinia (od samego początku, gdy zacząłem pisać artykuł, aż do skończenia książki), że to, co piszę, jest nowe i ważne.

Janek Ślusarczyk jest jednym z najbystrzejszych ludzi, jakich znam. Pokazał mi kilka ważnych tropów, za którymi poszedłem, a jego akceptacja tego, co napisałem, mówiła mi, że będzie to mieć wartość dla czytelników. Janek napisał o sobie tak: „Jestem współzałożycielem Babyboom.pl, pierwszego portalu dla rodziców w Polsce, i nienasyconym infożercą, który załapał się jeszcze na końcówkę optymistycznej wizji przyszłości świata. Wierzę w to, że wiedza i jej poszerzanie są najlepszym fundamentem dla świata naszych dzieci i ich dzieci".

Tym wszystkim osobom bardzo dziękuję za uwagi i wsparcie. Kiedy człowiek siedzi w jakimś temacie przez długi czas, a potem pisze pierwszy raz w życiu książkę, to kompletnie traci dystans: czasem mu się wydaje, że to wszystko jest oczywiste i wszyscy o tym wiedzą, czasem przeciwnie – że to nikogo nie obchodzi, a jeszcze kiedy indziej – że może to i ciekawe, ale nie potrafi o tym jasno i ciekawie napisać. Bez pomocy tych przyjaciół i znajomych byłoby mi dużo trudniej, a książka byłaby gorsza.

Ale oczywiście wszelkie pozostałe niedoskonałości jej formy i treści są wyłącznie moją winą, a błędy merytoryczne, jeśli gdzieś, nie daj Boże, pozostały, obciążają mnie, a nie moich konsultantów – tyle razy zmieniałem, poprawiałem i dodawałem, że mogłem coś przeoczyć mimo starań.

Na koniec chciałbym podziękować ludziom, którzy wprawdzie bezpośrednio w powstaniu książki nie uczestniczyli, ale w ogromnym stopniu wpłynęli na mój sposób myślenia – moim nauczycielom z Instytutu Socjologii Uniwersytetu Warszawskiego z lat 1974–1979, szczególnie nieżyjącemu już profesorowi Stefanowi Nowakowi. Stworzyli enklawę porządnego naukowego myślenia wolnego od ideologii w świecie opanowanym wówczas przez ideologię. Z każdym rokiem bardziej doceniam, jak bardzo było to niezwykłe i jak dużo mi dali. Nauczyli mnie precyzji myślenia i formułowania zdań oraz przekazali zwyczaj opierania stwierdzeń na danych i faktach, a nie na autorytecie ideologów czy własnych głębokich intuicjach (chociaż pokazywali też, jak bardzo subiektywną rzeczą potrafią być fakty). Nauczyli mnie krytycyzmu i samokrytycyzmu, ponieważ postęp w nauce jest możliwy głównie dzięki publicznemu ścieraniu się teorii opartych na danych. Ale to oznacza, że koniecznie trzeba własne hipotezy poddawać pod dyskusję, nawet jeśli wiąże się z tym niebezpieczeństwo ich obalenia. Dotyczy to wszelkich hipotez, nie tylko naukowych, ale również takich, jak prezentowane w tej książce.

Dlatego z góry dziękuję tym czytelnikom i czytelniczkom, którzy po przeczytaniu książki zechcą podzielić się ze mną swoimi uwagami e-mailowo: ludzkoscpoprawiona@gmail.com, albo na poświęconej książce stronie www.facebook.com/ludzkoscpoprawiona.

PRZYPISY KOŃCOWE

[1] Martin Jinek, Krzysztof Chylinski, Ines Fonfara, Michael Hauer, Jennifer A. Doudna, Emmanuelle Charpentier, *A Programmable Dual-RNA – Guided DNA Endonuclease in Adaptive Bacterial Immunity*, „Science", 17 sierpnia 2012, http://science.sciencemag.org/content/337/6096/816, dostęp 5.08.2018. Artykuł ukazał się online 28 czerwca 2012.

[2] Wypowiedzi Krzysztofa Chylińskiego i Marty Olejniczak zacytowane w książce pochodzą z rozmów, jakie z nimi odbyłem w lipcu 2018.

[3] Jennifer A. Doudna, Samuel H. Sternberg, *Edycja genów. Władza nad ewolucją*, tłum. Adam Tuz, Warszawa 2018, s. 17.

[4] Annie Sneed, *Mail-Order CRISPR Kits Allow Absolutely Anyone to Hack DNA*, https://www.scientificamerican.com/article/mail-order-crispr-kits-allow-absolutely-anyone-to-hack-dna/, dostęp 5.08.2018.

[5] Matthew Cobb, *The Brave New World of Gene Editing*, https://www.nybooks.com/articles/2017/07/13/brave-new-world-of-gene-editing/, dostęp 5.08.2018.

[6] Katherine Ethley Folley, *The USDA Says Crispr-Edited Foods Are just as Safe as Ones Bred the Old-fashioned Way*, https://qz.com/1242882/the-usda-drops-all-regulation-for-crispr-edited-crops/, dostęp 5.08.2018.

[7] Antonio Regalado, *These Are Not Your Father's GMOs*, https://www.technologyreview.com/s/609230/these-are-not-your-fathers-gmos/?utm_source=newsletters&utm_medium=email&utm_content=2017-12-19&utm_campaign=the_download, dostęp 5.08.2018.

[8] Melody M. Bomgardner, *CRISPR. A New Toolbox for Better Crops*, https://cen.acs.org/articles/95/i24/CRISPR-new-toolbox-better-crops.html, dostęp 5.08.2018.

[9] Luke Dormehl, *Genetic Engineering Innovation Makes Plants More Efficient at Using Water*, https://www.digitaltrends.com/cool-tech/genetic-engineered-crops-more-efficient-water/, dostęp 5.08.2018.

[10] Bill Gates, *How CRISPR Could Transform Global Development*, https://www.foreignaffairs.com/articles/2018-04-10/gene-editing-good, dostęp 5.08.2018.

[11] Adele Peters, *This Startup Wants to Save the Banana by Editing Its Genes*, https://www.fastcompany.com/40584260/this-startup-wants-to-save-the-banana-by-editing-its-genes, dostęp 5.08.2018.

[12] Alice Park, *How Gene Editing Could Save Coral Reefs*, http://time.com/5250927/crispr-gene-editing-coral-reefs/, dostęp 30.07.2018.

[13] O problemach, jakich ta decyzja przysporzy afrykańskim farmerom, jeśli będą chcieli eksportować na rynek europejski, pisze Eric Niller w artykule *European Ruling Could Slow Africa's Push for CRISPR Crops*, https://www.wired.com/story/european-ruling-could-slow-africas-push-for-crispr-crops/, dostęp 5.08.2018.

[14] Karolina Sulich, *Z PISMEM u... George'a Churcha, wizjonera biotechnologii*, https://magazynpismo.pl/georgea-churcha%E2%80%A8-wizjonera-biotechnologii/, dostęp 5.08.2018.

[15] Dokładność tych wyliczeń jest kwestionowana, ale genetycy zgadzają się co do tego, że liczba ludzkich genów jest nieco większa niż 20 tysięcy, zob. Diana Kwon, *New Database Expands Number of Estimated Human Protein-Coding Genes*, https://www.the-scientist.com/?articles.view/articleNo/54891/title/New-Database-Expands-Number-of-Estimated-Human-Protein-Coding-Genes/, dostęp 5.08.2018.

[16] *CRISPR Genetic Editing Takes Another Big Step Forward, Targeting RNA*, https://www.sciencedaily.com/releases/2018/03/180315122940.htm, dostęp 10.08.2018.

[17] Kristen V. Brown, *A Modified CRISPR Could Treat Common Diseases without Editing DNA*, https://gizmodo.com/a-modified-crispr-could-treat-common-diseases-without-e-1821067896, dostęp 10.08.2018.

[18] Kristin Houser, *The First 'Cell-Free' CRISPR Tech Is Here to Personalize Cancer Treatment*, https://futurism.com/cell-free-crispr-cpf1/, dostęp 10.08.2018.

[19] Kathy Liszewski, *True CRISPR. A Genetic Genre with Novel Twists*, https://www.genengnews.com/gen-articles/true-crispr-a-genetic-genre-with-novel-twists/6296?q=PAM, dostęp 10.08.2018.

[20] *CRISPR-Cas9 Improved 10,000-Fold by Synthetic Nucleotides*, https://www.genengnews.com/gen-news-highlights/crispr-cas9-improved-10000-fold-by-synthetic-nucleotides/81255705, dostęp 10.08.2018.

[21] *Profiling the Genome Hundreds of Variations at a Time*, https://phys.org/news/2018-05-profiling-genome-hundreds-variations.html, dostęp 10.08.2018.

²² Akshat Rathi, *After Gene-editing, Crispr's New Frontier to Detect Diseases Is Closer to Becoming a Reality*, https://qz.com/1264104/after-gene-editing-jennifer-doudnas-mammoth-biosciences-aims-to-use-crispr-for-disease-diagnosis/, dostęp 10.08.2018.

²³ Antonio Regalado, *First Gene-Edited Dogs Reported in China*, https://www.technologyreview.com/s/542616/first-gene-edited-dogs-reported-in-china/, dostęp 10.08.2010.

²⁴ Michael Standaert, *China Genomics Giant Drops Plans for Gene-Edited Pets*, https://www.technologyreview.com/s/608207/china-genomics-giant-drops-plans-for-gene-edited-pets/, dostęp 10.08.2018. Świnki zostały stworzone przy wykorzystaniu technologii TALEN, nie CRISPR.

²⁵ Chase Purdy, *Chinese Scientists Stuck a Mouse Gene into Pigs to Make 12 Low-fat Piglets*, https://qz.com/1109868/scientists-in-china-used-crispr-to-genetically-modify-low-fat-pigs/, dostęp 10.08.2018.

²⁶ *Gene-edited Pigs Are Resistant to Billion Dollar Virus, Study Finds*, https://phys.org/news/2018-06-gene-edited-pigs-resistant-billion-dollar.html, dostęp 10.08.2018.

²⁷ Michael Irving, *Malaria Resistant Mosquitos Engeneered Using CRISPR*, https://newatlas.com/malaria-resistant-mosquitoes-crispr/53739/, dostęp 10.08.2018.

²⁸ *Groundbreaking Gene Therapy Trial Set to Cure Hemophilia*, https://www.sciencedaily.com/releases/2017/12/171214092313.htm, dostęp 10.08.2018.

²⁹ *A Boy with a Rare Disease Gets New Skin, Thanks to Gene-corrected Stem Cells*, http://www.sciencemag.org/news/2017/11/boy-rare-disease-gets-new-skin-thanks-gene-corrected-stem-cells, dostęp 10.08.2018.

³⁰ Kevin Loria, *Scientists just Got a Step Closer to Treating Incurable Diseases Using a Revolutionary Gene-editing Tool*, http://www.businessinsider.com/researchers-use-crispr-to-edit-dna-of-huntingtons-disease-patients-2018-2?IR=T, dostęp 10.08.2018.

³¹ Clara Rodriguez Fernandez, *CRISPR Therapeutics Plans First CRISPR/Cas9 Clinical Trial in Europe for 2018*, https://labiotech.eu/crispr-therapeutics-clinical-trials/, dostęp 10.08.2018.

³² Kristen Hovet, *Using CRISPR to Block Production of HIV in Infected Cells*, https://geneticliteracyproject.org/2018/06/20/using-crispr-to-block-production-of-hiv-in-infected-cells/, dostęp 10.08.2018.

³³ Hong-yan Wu, Chun-yu Cao, *The Application of CRISPR-Cas9 Genome Editing Tool in Cancer Immunotherapy*, https://academic.oup.com/bfg/advance-article-abstract/doi/10.1093/bfgp/ely011/4951574?redirectedFrom=fulltext, dostęp 10.08.2018.

³⁴ *FDA Approval Brings First Gene Therapy to the United States*, https://www.fda.gov/NewsEvents/Newsroom/PressAnnouncements/ucm574058.htm, dostęp 10.08.2018.

[35] Elizabeth Lopatto, *Gene Editing Will Transform Cancer Treatment*, https://www.theverge.com/a/verge-2021/jennifer-doudna-crispr-gene-editing-healthcare, dostęp 10.08.2018.

[36] Antonio Regalado, *It's Fiction, but America just Got Wiped out by a Man-made Terror Germ*, https://www.technologyreview.com/s/611182/its-fiction-but-america-just-got-wiped-out-by-a-man-made-terror-germ/?set=, dostęp 10.08.2018.

[37] Matthew Cobb, dz. cyt.

[38] *Biohemistry Pionier Visits Utah to Explain CRISPR the Gene Editing Technology Set to Change the World*, https://www.sltrib.com/news/health/2018/03/24/biochemistry-pioneer-visits-utah-to-explain-crispr-the-gene-editing-technology-set-to-change-the-world/, dostęp 20.04.2018.

[39] Tina Hesman Saey, *Gene in Human Embryos Altered by Chinese Researchers*, https://www.sciencenews.org/blog/science-ticker/gene-human-embryos-altered-chinese-researchers, dostęp 10.08.2018.

[40] Ed Young, *The Designer Baby Era Is Not Upon Us*, https://www.theatlantic.com/science/archive/2017/08/us-scientists-edit-human-embryos-with-crisprand-thats-okay/535668/, dostęp 10.08.2018.

[41] Sarah Knapton, *Designer Babies on Horizon as Ethics Council Gives Green Light to Genetically Edited Embryos*, https://www.telegraph.co.uk/science/2018/07/16/designer-babies-horizon-ethics-council-gives-green-light-genetically/, dostęp 10.08.2018.

[42] *New Organisms Have Been Formed Using the First Ever 6-Letter Genetic Code*, https://www.sciencealert.com/new-organisms-have-been-formed-using-the-first-ever-6-letter-genetic-code, dostęp 10.08.2018.

[43] Antonio Regalado, *A Stealthy Harvard Startup Wants to Reverse Aging in Dogs, and Humans Could Be Next*, https://www.technologyreview.com/s/611018/a-stealthy-harvard-startup-wants-to-reverse-aging-in-dogs-and-humans-could-be-next/, dostęp 10.08.2018.

[44] Ronald Bailey, *Eternal Youth for All!*, http://reason.com/archives/2015/02/06/eternal-youth-for-all/1, dostęp 10.08.2018.

[45] Matt Chase, *Why a Drug for Aging Would Challenge Washington*, https://www.politico.com/agenda/story/2017/12/13/anti-aging-research-drugs-000595, dostęp 10.08.2018.

[46] Tad Friend, *Silicon Valley's Quest to Live Forever*, https://www.newyorker.com/magazine/2017/04/03/silicon-valleys-quest-to-live-forever, dostęp 10.08.2018.

[47] Antonio Regalado, *A Stealthy Harvard Startup...*, dz. cyt.

[48] Sarah Zang, *The Little-Known Nonprofit Behind the CRISPR Boom*, https://www.theatlantic.com/science/archive/2018/06/the-dna-depot-that-has-sent-crispr-to-62-countries/562370/, dostęp 10.08.2018.

[49] Dara Horn, *The Men Who Want to Live Forever*, https://www.nytimes.com/2018/01/25/opinion/sunday/silicon-valley-immortality.html, dostęp 10.08.2018.

[50] Jennifer A. Doudna, Samuel H. Sternberg, dz. cyt.

[51] Cytowane w tym rozdziale wypowiedzi Lee Sedola też pochodzą z tej książki, zob. Max Tegmark, *Life 3.0. Being Human in the Age of Artificial Intelligence*, New York 2017. Książka ukaże się po polsku pod tytułem *Życie 3.0* na początku 2019 roku.

[52] Zhepin Huang, *Google's AlphaGo AI Secretively Won More than 50 Straight Games against the World's Top Go Players*, https://qz.com/877721/the-ai-master-bested-the-worlds-top-go-players-and-then-revealed-itself-as-googles-alphago-in-disguise/, dostęp 10.08.2018.

[53] Yaniv Leviathan, Yossi Matias, *Google Duplex. An AI System for Accomplishing Real-World Tasks Over the Phone*, https://ai.googleblog.com/2018/05/duplex-ai-system-for-natural-conversation.html?ref=producthunt, dostęp 10.08.2018.

[54] Angela Moscaritolo, *IBM Artificial Intelligence Takes on Human Debate Champs*, https://www.pcmag.com/news/361938/ibm-artificial-intelligence-takes-on-human-debate-champs, dostęp 10.08.2018.

[55] Do wypróbowania pod adresem https://www.facebook.com/theGYANT/, dostęp 10.08.2018.

[56] Do wypróbowania pod adresem https://www.messenger.com/t/Your.Spiri, dostęp 10.08.2018.

[57] Do wypróbowania pod adresem https://www.woebot.io/, dostęp 10.08.2018.

[58] Do wypróbowania pod adresem https://replika.ai/, dostęp 10.08.2018.

[59] Komentarz ze strony https://play.google.com/store/apps/details?id=ai.replika.app&showAllReviews=true, dostęp 30.07.2018.

[60] Edward Munn, *NatWest Hires 'Digital Human' Cora to Chat to Customers and Help Solve Simple Banking Queries*, http://www.alphr.com/artificial-intelligence/1008582/natwest-hires-digital-human-cora, dostęp 10.08.2018.

[61] Tonya Riley, *Artificial Intelligence Goes Deep to Beat Humans at Poker*, http://www.sciencemag.org/news/2017/03/artificial-intelligence-goes-deep-beat-humans-poker, dostęp 10.08.2018.

[62] Katja Grace, John Salvatier, Allan Dafoe, Baobao Zhang, Owain Evans, *When Will AI Exceed Human Performance? Evidence from AI Experts*, https://arxiv.org/pdf/1705.08807.pdf, dostęp 10.08.2018.

[63] Do wypróbowania pod adresem https://cloud.google.com/text-to-speech/, dostęp 10.08.2018.

[64] Do wypróbowania pod adresem https://lyrebird.ai/?ref=producthunt, dostęp 10.08.2018.

[65] Sarah Perez, *Microsoft's New Drawing Bot Is an AI Artist*, https://techcrunch.com/2018/01/18/microsofts-new-drawing-bot-is-an-a-i-artist/, dostęp 10.08.2018.

[66] *'Lost' Grimm Fairy Tale Is First AI Bedtime Story*, https://blog.calm.com/relax/lost-grimm-fairy-tale-is-first-ai-bedtime-story, dostęp 10.08.2018.

[67] Tero Karras, *These People Never Existed. They Were Made by an AI*, https://futurism.com/these-people-never-existed-they-were-made-by-an-ai/, dostęp 10.08.2018.

[68] Ming-Yu Liu, *An AI That Makes Fake Videos May Facilitate the End of Reality as We Know It*, https://futurism.com/ai-makes-fake-videos-facilitate-end-reality-know-it/, dostęp 10.08.2018.

[69] https://www.youtube.com/watch?timecontinue=10&v=ohmajJTcpNk, dostęp 10.08.2018.

[70] Simon Denyer, *China's Watchful Eye*, https://www.washingtonpost.com/news/world/wp/2018/01/07/feature/in-china-facial-recognition-is-sharp-end-of-a-drive-for-total-surveillance/?noredirect=on&utm_term=.a18155e0281c, dostęp 10.08.2018.

[71] Stephen Chen, *China to Build Giant Facial Recognition Database to Identify any Citizen within Seconds*, http://www.scmp.com/news/china/society/article/2115094/china-build-giant-facial-recognition-database-identify-any, dostęp 10.08.2018.

[72] Shibani Mahtani, Zusha Elinson, *Artificial Intelligence Could Soon Enhance Real-time Police Surveillance*, https://www.wsj.com/articles/artificial-intelligence-could-soon-enhance-real-time-police-surveillance--1522761813, dostęp 10.08.2018.

[73] Nick Winfield, *Amazon Pushes Facial Recognition to Police. Critics See Surveillance Risk*, https://mobile.nytimes.com/2018/05/22/technology/amazon-facial-recognition.html, dostęp 10.08.2018.

[74] Devin Coldewey, *AI that Can Determine a Person's Sexuality from Photos Shows the Dark Side of the Data Age*, https://techcrunch.com/2017/09/07/ai-that-can-determine-a-persons-sexuality-from-photos-shows-the-dark-side-of-the-data-age/, dostęp 10.08.2018.

[75] *Artificial Intelligence, NASA Data Used to Discover Eighth Planet Circling Distant Star*, https://www.nasa.gov/press-release/artificial-intelligence-nasa-data-used-to-discover-eighth-planet-circling-distant-star, dostęp 10.08.2018.

[76] Eliza Strickland, *AI Predicts Heart Attacks and Strokes More Accurately than Standard Doctor's Method*, https://spectrum.ieee.org/the-human-os/biomedical/diagnostics/ai-predicts-heart-attacks-more-accurately-than-standard-doctor-method, dostęp 10.08.2018.

[77] Tekla S. Perry, *Stanford Algorithm Can Diagnose Pneumonia Better than Radiologists*, https://spectrum.ieee.org/the-human-os/biomedical/diagnostics/stanford-algorithm-can-diagnose-pneumonia-better-than-radiologists, dostęp 10.08.2018.

[78] *Just a Few of the Amazing Things AI Is Doing in Healthcare*, https://singularityhub.com/2018/03/29/just-a-few-of-the-amazing-things-ai-is-doing-in-healthcare/#sm.001hjcbz6182ncyow4a1u0bmqtgth, dostęp 10.08.2018.

[79] Jeremy Hsu, *AI Beats Dermatologists in Diagnosing Nail Fungus*, https://spectrum.ieee.org/the-human-os/robotics/artificial-intelligence/ai-beats-dermatologists-in-diagnosing-nail-fungus, dostęp 10.08.2018.

[80] *FDA Permits Marketing of Clinical Decision Support Software for Alerting Providers of a Potential Stroke in Patients*, https://www.fda.gov/NewsEvents/Newsroom/PressAnnouncements/ucm596575.htm, dostęp 10.08.2018.

[81] Emily Mulin, *FDA Approves AI-powered Diagnostic that Doesn't Need a Doctor's help*, https://www.technologyreview.com/the-download/610853/fda-approves-first-ai-powered-diagnostic-that-doesnt-need-a-doctors-help/, dostęp 10.08.2018.

[82] Eliza Strickland, *IBM Watson Makes a Treatment Plan for Brain-cancer Patient in 10 Minutes; Doctors Take 160 Hours*, https://spectrum.ieee.org/the-human-os/biomedical/diagnostics/ibm-watson-makes-treatment-plan-for-brain-cancer-patient-in-10-minutes-doctors-take-160-hours, dostęp 10.08.2018.

[83] Mallory Rocklear, *IBM's Watson Is Really Good at Creating Cancer Treatment Plans*, https://www.engadget.com/2017/06/01/ibm-watson-cancer-treatment-plans/, dostęp 10.08.2018.

[84] Jon Fingas, *Watson Helps Treat Heart Disease by Looking at Medical Images*, https://www.engadget.com/2017/02/22/watson-clinical-imaging-review/, dostęp 10.08.2018.

[85] Brandon Keim, *IBM's Dr. Watson Will See You... Someday*, https://spectrum.ieee.org/biomedical/diagnostics/ibms-dr-watson-will-see-yousomeday, dostęp 10.08.2018.

[86] Michael Biltz, *'Citizen AI'. Teaching Artificial Intelligence to Act Responsibly*, https://venturebeat.com/2018/03/31/citizen-ai-teaching-artificial-intelligence-to-act-responsibly/, dostęp 10.08.2018.

[87] Kif Leswing, *Apple CEO Tim Cook Gave a Shout-out to a $100-per-year App for Doctors — Here's what It Does*, http://www.businessinsider.com/visualdx-machine-learning-app-for-skin-diagnosis-ceo-interview-2017-11?IR=T, dostęp 10.08.2018.

[88] Rob Guiness, *What Is Artificial Intelligence. Part 2*, https://towardsdatascience.com/what-is-artificial-intelligence-part-2-bad0cb97e330, dostęp 10.08.2018.

[89] AlanTurin.net, http://www.alanturing.net/turing_archive/pages/Reference%20Articles/what_is_AI/What%20is%20AI03.html, dostęp 10.08.2018. Jest to strona poświęcona dorobkowi Alana Turinga, na której można znaleźć jego zeskanowane teksty oraz artykuły na jego temat.

[90] https://www.quora.com/Information-Theory-What-relationship-did-Claude-Shannon-have-with-Alan-Turing. Cały wywiad z Claude'em Shannonem zob. http://ethw.org/Oral-History:Claude_E._Shannon, dostęp 10.08.2018.

[91] Cały tekst propozycji http://www.formal.stanford.edu/jmc/history/dartmouth/dartmouth.html, dostęp 10.08.2018.
[92] Tamże.
[93] Daniel Faggella, *What Is Machine Learning*, https://www.techemergence.com/what-is-machine-learning/, dostęp 10.08.2018.
[94] Za: https://en.wikipedia.org/wiki/Perceptron, dostęp 10.08.2018.
[95] Uczenie nienadzorowane w sieciach neuronowych zostało opisane przez Geoffreya Hintona i jego współpracowników w książce z 1999 roku *Unsupervised Learning. Foundations of Neural Computation*.
[96] Cały list Brina zob. https://goo.gl/VuFb2E, dostęp 10.08.2018.
[97] Sumit Gupta, *IBM Research Cracks Code on Accelerating Key Machine Learning Algorithms*, https://goo.gl/Yw7iXs, dostęp 10.08.2018.
[98] McKinsey Global Instiue, *Jobs Lost, Jobs Gained. Workforce Transition in a Time of Automation*, https://www.mckinsey.com/~/media/McKinsey/Global%20Themes/Future%20of%20Organizations/What%20the%20future%20of%20work%20will%20mean%20for%20jobs%20skills%20and%20wages/MGI-Jobs-Lost-Jobs-Gained-Executive-summary-December-6-2017.ashx, dostęp 10.08.2018.
[99] Katja Grace, John Salvatier, Allan Dafoe, Baobao Zhang, Owain Evans, dz. cyt.
[100] Carl Benedikt Frey, Michael A. Osborne, *The Future of Employment. How Susceptible Are Jobs to Computerization*, https://www.oxfordmartin.ox.ac.uk/downloads/academic/The_Future_of_Employment.pdf, dostęp 10.08.2018.
[101] McKinsey Global Institute, dz. cyt.
[102] Carl Benedikt Frey, Michael A. Osborne, dz. cyt.
[103] Tamże.
[104] McKinsey Global Institute, *What the Future of Work Will Mean for Jobs, Skills and Wages*, https://www.mckinsey.com/featured-insights/future-of-organizations-and-work/what-the-future-of-work-will-mean-for-jobs-skills-and-wages, dostęp 10.08.2018.
[105] Jeffrey Lin, *Technological Adaptation, Cities and the New Work*, https://philadelphiafed.org/-/media/research-and-data/publications/working-papers/2009/wp09-17.pdf, dostęp 10.08.2018.
[106] http://wyborcza.pl/wiecejswiata/7,163752,23387306,siedem-zawodow-przyszlosci-czyli-jak-sztuczna-inteligencja.html, dostęp 10.08.2018.
[107] https://www.ibm.com/blogs/watson/2016/01/chef-watson-has-arrived-and-is-ready-to-help-you-cook/, dostęp 10.08.2018.
[108] McKinsey Global Institute, *Jobs Lost...*, dz. cyt.
[109] Wszystko o trudnościach technicznych i prawnych można znaleźć w artykule Michaela Wanga *Autonomous Driving, How Autonomous and When?*, https://medium.com/@miccowang/autonomous-driving-how-autonomous-and-when-ce08182cfaeb, dostęp 10.08.2018.

[110] McKinsey Global Institute, *Jobs Lost...*, dz. cyt.

[111] Dom Galeon, Kritin Houser, *Google's Artificial Intelligence Built an AI that Outperforms any Made by Humans*, https://futurism.com/google-artificial-intelligence-built-ai/, dostęp 10.08.2018.

[112] Więcej o dochodzie gwarantowanym zob. Alina Białkowska, *Bezwarunkowy dochód minimalny: utopia czy ratunek kapitalizmu*, https://webnalist.com/czytaj/bezwarunkowy-dochod-minimalny-utopia-czy-ratunek-dla-kapitalizmu, dostęp 10.08.2018.

[113] Peter Suderman, *Young Men Are Playing Video Games Instead of Getting Jobs. That's OK (for Now)*, https://reason.com/archives/2017/06/13/young-men-are-playing-video-ga, dostęp 10.08.2018.

[114] McKinsey Center for Government, *Education to Employment: Designing a System that Works*, https://www.mckinsey.com/~/media/mckinsey/industries/social%20sector/our%20insights/education%20to%20employment%20designing%20a%20system%20that%20works/education%20to%20employment%20designing%20a%20system%20that%20works.ashx, dostęp 10.08.2018.

[115] Raffi Khatchadourian, *The Doomsday Invention*, https://www.newyorker.com/magazine/2015/11/23/doomsday-invention-artificial-intelligence-nick-bostrom, dostęp 10.08.2018.

[116] Simina Mistreanu, *Life Inside China's Social Credit Laboratory*, http://foreignpolicy.com/2018/04/03/life-inside-chinas-social-credit-laboratory/, dostęp 10.08.2018.

[117] Darrel M. West, John R. Allen, *Report: How Artificial Intelligence Is Transforming the World*, https://www.brookings.edu/research/how-artificial-intelligence-is-transforming-the-world, dostęp 10.08.2018.

[118] Matthew Rosenberg, John Markoff, *The Pentagon's 'Terminator Conundrum': Robots that Could Kill on Their Own*, https://www.nytimes.com/2016/10/26/us/pentagon-artificial-intelligence-terminator.html, dostęp 10.08.2018

[119] Mallory Locklear, *DeepMind, Elon Musk and Others Pledge Not to Make Autonomous AI Weapons*, https://www.engadget.com/2018/07/18/deepmind-elon-musk-pledge-autonomous-ai-weapons/, dostęp 10.08.2018.

[120] Bardzo ciekawy przykład, jak dzięki AI na podstawie miliona opinii można analizować oceny hoteli w serwisie TripAdvisor zob. https://monkeylearn.com/blog/machine-learning-hotel-reviews-insights/, dostęp 10.08.2018.

[121] International Transport Forum, *Urban Mobility System Upgrade. How Shared Self-driving Cars Could Change City Traffic*, https://www.itf-oecd.org/sites/default/files/docs/15cpb_self-drivingcars.pdf, dostęp 10.08.2018.

[122] Katja Grace, John Salvatier, Allan Dafoe, Baobao Zhang, Owain Evans, dz. cyt.

[123] Kristen V. Brown, *For a Brain-computer Interface that Actually Works, Are Holograms Our Only Hope?*, https://medium.com/neodotlife/brain-machine-abc53a3b27ca, dostęp 10.08.2018.

[124] Raffi Khatchadourian, dz. cyt.

[125] Tamże.

[126] Na podstawie wyników badań wymienionych na stronie https://nickbostrom.com/papers/survey.pdf, https://arxiv.org/pdf/1705.08807.pdf oraz w *Life 3.0* Maxa Tegmarka. Pytania dotyczyły głównie „50-procentowego prawdopodobieństwa osiągnięcia ludzkiego poziomu przez inteligencję maszynową". Medianą przewidywań były lata 2040–2050 albo wcześniejsze. W badaniach opisanych na stronie https://arxiv.org/pdf/1705.08807.pdf medianą był 2061 rok, zaznaczyła się jednak bardzo wyraźna różnica między badaczami pochodzącymi z Azji, dla których medianą był 2046 rok, a pochodzącymi z Ameryki, dla których medianą był rok 2090.

[127] *A Ty, co sądzisz o myślących maszynach?*, red. John Brockman, Kurhaus Publishing, 2018, Kindle Edition, loc. 1780–1782.

[128] Max Tegmark, dz. cyt.

[129] Będą miały szybkość $2 \cdot 10^{17}$ flopów; Michael Feldman, *China's Next Supercomputer May Spoil America's Plans to Retake TOP500 Crow*, https://www.top500.org/news/chinas-next-supercomputer-may-spoil-americas-plans-to-retake-top500-crown/, dostęp 10.08.2018.

[130] Steve Lohr, *Is there a Smarter Path to Artificial Intelligence? Some Experts Hope so*, https://mobile.nytimes.com/2018/06/20/technology/deep-learning-artificial-intelligence.html, dostęp 10.08.2018.

[131] Kevin Hartnett, *To Build Truly Intelligent Machines, Teach Them Cause and Effect*, https://www.quantamagazine.org/to-build-truly-intelligent-machines-teach-them-cause-and-effect-20180515/, dostęp 10.08.2018.

[132] Joscha Bach, *How to Build an A.I. Brain that Can Conceive of Itself*, https://www.youtube.com/watch?v=-ke1vH4_rQc, dostęp 10.08.2018.

[133] *What Would It Mean for AI to Have a Soul?*, http://www.bbc.com/future/story/20180615-can-artificial-intelligence-have-a-soul-and-religion, dostęp 10.08.2018.

[134] Nick Bostrom, *Superinteligencja. Scenariusze, strategie, zagrożenia*, tłum. Dorota Konowrocka-Sawa, Gliwice 2016, s. 45.

[135] Cade Metz, *Google Sells A.I. for Building A.I. (Novices Welcome)*, https://www.nytimes.com/2018/01/17/technology/google-sells-ai.html, dostęp 10.08.2018.

[136] Katja Grace, John Salvatier, Allan Dafoe, Baobao Zhang, Owain Evans, dz. cyt.

[137] Ray Kurzweil, *Nadchodzi osobliwość. Kiedy człowiek przekroczy granice biologii*, tłum. Eliza Chodkowska, Anna Nowosielska, Warszawa 2016.

[138] Tim Adams, *Artificial Intelligence: 'We're Like Children Playing with the Bomb'*, https://www.theguardian.com/technology/2016/jun/12/nick-bostrom-artificial-intelligence-machine, dostęp 10.08.2018.

[139] Peter Holley, *Bill Gates on Dangers of Artificial Intelligence: 'I Don't Understand why Some People Are Not Concerned'*, https://www.washingtonpost.com/news/speaking-of-science/wp/2016/01/20/why-stephen-hawking-believes-the-next-100-years-may-be-humanitys-toughest-test-yet/?utm_term=.320394761a41, dostęp 10.08.2018.

[140] Tamże.

[141] Peter Holley, *Why Stephen Hawking Believes the Next 100 Years May Be Humanity's Toughest Test*, https://www.washingtonpost.com/news/speaking-of-science/wp/2016/01/20/why-stephen-hawking-believes-the-next-100-years-may-be-humanitys-toughest-test-yet/?utm_term=.320394761a41, dostęp 10.08.2018.

[142] To eleganckie streszczenie pochodzi z recenzji książki Bostroma na amazon.com, https://goo.gl/PudkJP, dostęp 10.08.2018.

[143] Olivia Goldhill, *Google's AI Got 'Highly Aggressive' when Competition Got Stressful in a Fruit-picking Game*, https://qz.com/911843/googles-ai-got-highly-aggressive-when-competition-got-stressful-in-a-fruit-picking-game/, dostęp 10.08.2018.

[144] Will Knight, *Forget Killer Robots – Bias Is the Real AI Danger*, https://www.technologyreview.com/s/608986/forget-killer-robotsbias-is-the-real-ai-danger/, dostęp 10.08.2018.

[145] Zakładam, że prawo Moore'a utrzyma się jeszcze przez dwanaście najbliższych lat, przynajmniej jako opisujące wzrost mocy obliczeniowych komputerów, nawet jeśli tranzystorów gęściej nie da się upakować w obwodach scalonych, bo dojdziemy do granic wyznaczonych fizyką. Czy ten wzrost mocy będzie wynikał ze zmiany architektury procesorów czy z zastosowania komputerów kwantowych, nie wiem. DARPA zaczyna pracę nad kompletnie nową architekturą procesorów, na co przeznacza 1,5 miliarda dolarów, zob. https://spectrum.ieee.org/tech-talk/computing/hardware/darpas-planning-a-major-remake-of-us-electronics-pay-attention?utm_source=techalert&utm_campaign=techalert-07-19-18&utm_medium=email, dostęp 10.08.2018.

[146] O wyzwaniu dla Europy, jakim jest demograficzna eksplozja Afryki i narastająca tam presja emigracyjna, piszę osobny tekst.

[147] BloombergNEF, *Electric Vehicle Outlook 2018*, https://about.bnef.com/electric-vehicle-outlook/#toc-download, dostęp 10.08.2018.

[148] Marty Chilberg, *Genomic Medicine. Catch the Gene Therapy Wave*, https://seekingalpha.com/article/4173868-genomic-medicine-catch-gene-therapy-wave, dostęp 10.08.2018.

Wydawnictwo Otwarte sp. z o.o.,
ul. Smolki 5/302, 30-513 Kraków. Wydanie I, 2018.
Druk: Toruńskie Zakłady Graficzne „Zapolex"